人类文明史

8000年来六大人类文明转折

[日]宫崎正胜 著　顾晓琳 译

「空間」から読み解く世界史:
馬・航海・資本・電子

海南出版社

版权合同登记号：图字：30-2018-068号
图书在版编目（CIP）数据

人类文明史：8000年来六大人类文明转折 / (日)宫崎正胜著；顾晓琳译. -- 海口：海南出版社，2018.8

ISBN 978-7-5443-8003-4

I. ①人… II. ①宫… ②顾… III. ①世界史—文化史—研究 IV. ①K103

中国版本图书馆CIP数据核字 (2018) 第183164号

人类文明史：8000年来六大人类文明转折

作　　者　（日）宫崎正胜
译　　者　顾晓琳
责任编辑　王振德
执行编辑　徐雁晖
封面设计　读客文化　021-33608311
印刷装订　三河市吉祥印务有限公司
策　　划　读客文化
版　　权　读客文化
出版发行　海南出版社
地　　址　海口市金盘开发区建设三横路2号
邮　　编　570216
编辑电话　0898-66817036
网　　址　http://www.hncbs.cn
开　　本　890毫米 × 1270毫米　1/32
印　　张　10
字　　数　190千
版　　次　2018年8月第1版
印　　次　2018年8月第1次印刷
书　　号　ISBN 978-7-5443-8003-4
定　　价　39.90元

读客® 这本史书真好看文库

轻松有趣，扎实有力

目 录

序言
从空间的角度研究世界史

我们很难简练地概括世界史。“如果把世界史粗略地分成两大时期的话，何时是历史的分水岭？”——当孩子提出这一问题时，应该如何作答呢？我想，要是以时间轴为脉络分析社会的变化，很难得出答案。因为世界是如此的广袤无垠且富于多样化。那么，我们不妨转换思维，尝试从空间轴的角度出发吧。

站在空间轴的角度思考，答案就变得显而易见了。颠覆人们对世界认知的历史巨变无疑发生在大航海时代。自那时起，人们才知道海洋占据地表近70%的面积。此前一直在欧亚大陆上延续的世界史，以大航海时代为分界线，转变成结合三大洋与周边各个大陆的全球格局世界史。换言之，大航海时代的到来，使得以欧亚大陆干旱地带为中心的陆地文明逐步迈向以欧洲为中心的更广阔的海洋文明。更言简意赅地说，世界史即是由以欧亚大陆为舞台的“陆地历史（小世界史）”和“占据地表面积近七成的大西洋、印度洋、太平洋与陆地在多个方面相结合的历史（大世界史）”所共同构成的——或许这一说法略显牵强，但世界史却变得通俗易懂了。

本书尝试以上述历史观为基础，使用简明易懂的方式俯瞰人类文明诞生至今的发展历程。我将试着在“不同空间存在不同世界史”的假说下，为读者展开一幅崭新的世界史画卷。

两张“世界地图”描绘的世界轮廓

托勒密在罗马帝国全盛期绘制的“世界地图”[1]

[1] 还原图，那不勒斯国立图书馆藏，照片提供方：uniphotopress。

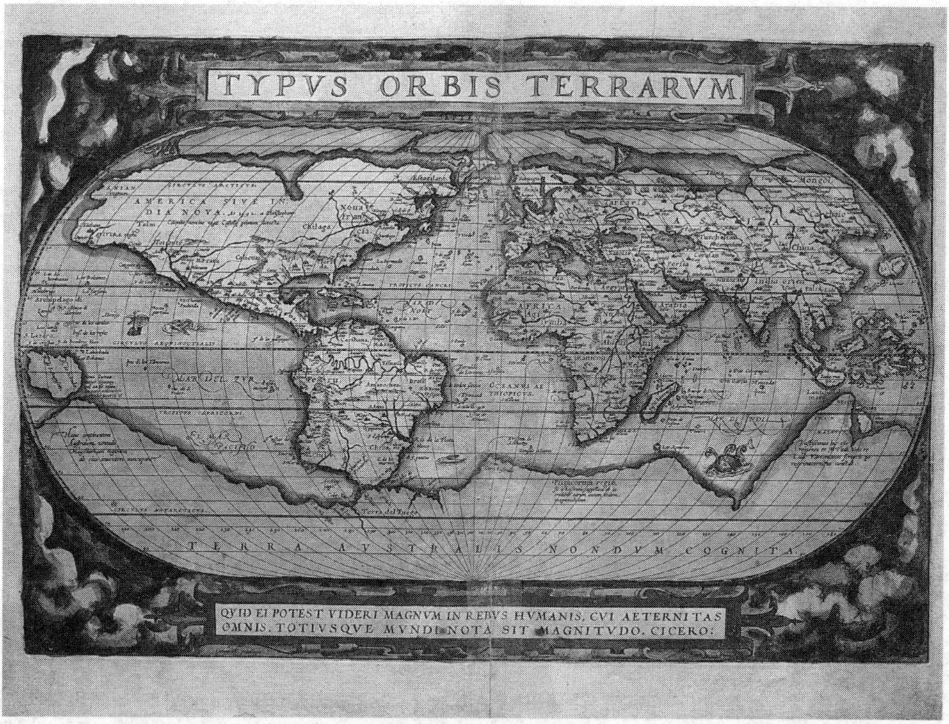

收录于1570年出版的奥特里斯的地图册《世界的舞台》[1]

我想先请读者对比一下印在此处的两张世界地图。前者是在罗马帝国的全盛期，由天文学家、地理学家托勒密（约公元90年—168年）于埃及亚历山大城绘制的“世界地图”。后者则摘自1570年由地图出版从业者奥特里斯（1527年—1598年）在比利时安特卫普出版的地图册《世界的舞台》。这两张相隔一千多年的“世界地图”，非常方便我们理解世界空间自大航

[1] 热那亚海洋博物馆藏，照片提供方：uniphotopress。

海时代起发生的变化。

那么就让我们具体看看地图的内容吧。首先，在旨在描绘人口最多处的托勒密版“世界地图”中，非洲海岸边的加那利群岛被定为本初子午线，陆地环绕着两大内海——地中海与厄立特里亚海（红海、印度洋及中国南海的一部分）。托勒密的绘制方式是把世界放在180度的经线尺度内，纬度方面则以赤道为中心，南北共约80度，总体上可谓陆地的“世界地图”。在厄立特里亚海南岸，赤道以南的非洲向东延伸，于尽头处与亚洲相连。图中陆地的三分之二是欧亚大陆，三分之一是赤道以北的非洲，而赤道以南的非洲只绘出赤道与厄立特里亚海之间的边界地区，略去了细节部分。因此，托勒密版的“世界地图”亦可称为“欧亚大陆的世界地图”。

与之相对，收录于《世界的舞台》中的“世界地图”，虽然受到托勒密版“世界地图”的影响，在下方保留了占据整张地图三分之一的“南方未知大陆”，但是，地图北部则描绘了大西洋、太平洋、印度洋三大洋以及欧亚、非洲、南北美洲大陆。在这幅“世界地图”中，大西洋被置于世界的中心。

通过这两张“世界地图”我们可以发现，大航海时代扭转了人们对整个世界的认知——“陆地世界（小世界）”从此转变为“海洋世界（大世界）”。

人口统计图展现出不同性质的世界史

谈到空间的历史形成力，有位先驱曾站在这一角度研究过大陆和海洋两大空间构成的世界史。他就是德国的法学家、政治思想家卡尔·施密特（1888年—1985年）。

卡尔·施密特以父亲给女儿讲故事的口吻撰写了《陆地与海洋：世界史的观察》。他把大航海时代作为最大的分界点，分别从大陆与海洋的视角观察世界史。全书的核心观点是“世界历史是一部海洋国家对抗陆地国家，陆地国家对抗海洋国家的斗争史”，这一观点对当今世界仍具备一定的现实意义。施密特从第二次世界大战中，陆地国家德国究竟能否与海洋国家英国分庭抗礼的自我设问开始，经过艰难的思考过程，得出了作为海洋国家的英国势必占据优势的结论，他也通过这一思考过程建立了对世界历史的认识。卡尔·施密特针对过去陆地历史的偏颇观念作出了如下陈述：

> 对于以陆地为中心的观察者而言，很难纯粹地站在海洋视角看待陆地。不难发现，我们的日常用语中充满了陆地的烙印……我们先入为主地把自己居住的行星叫作地球，而忘记了还可以把它称为海球。当话题涉及海洋时，我们经常谈到海上通道，尽管海洋上

只存在航线而没有像陆地上的通道那样的真实道路。

我们把在海上航行的船视为行驶于海洋里的一块陆地，看作是一块游动着的国土。

正如施密特所指出的一样，陆地国家德国的狭隘眼界让其难以意识到英国的强大之处。陆地历史观以陆地为基准考察海洋，无法充分理解海洋空间的独特性和自由性。而在当今这个全球化时代，真正顺应潮流的历史观念并不是把陆地理论简单地扩展至海洋，而应该综合地看待陆地与海洋空间的不同性质。

接下来的这张“全球人口增长图”以人口增长的形式表现出世界从“陆地世界史”转变为“海洋世界史”时发生的剧烈变化。在欧亚大陆空间缓慢增长的人口经过大航海时代与工业革命的洗礼，出现了爆发性的增长。图表展现了陆地时代与海洋时代连接在一起时的状态，而世界史也正是由这两种具有不同特点的历史衔接而成的。

全球人口增长（衔接了两个具有不同特点的世界史）

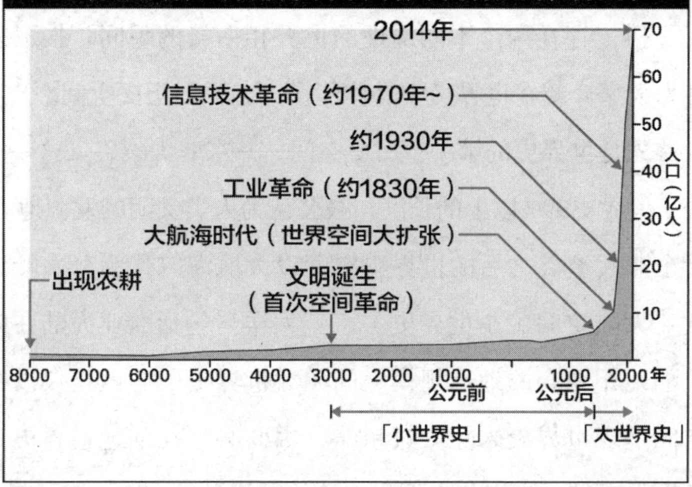

勾勒出世界史脉络的各种历史空间

本书尝试以上述施密特的历史观为基础介绍世界史的发展历程。不过，我虽然十分赞同施密特把大航海时代作为世界史的分水岭，但其实这并非唯一的空间革命。关于空间革命，我将在后文设定多个历史空间，串联起因空间扩张而形成的新空间秩序，相信这样可以更易于理解世界史的结构。

虽然远远不及大航海时代，但是“陆地世界史（小世界史）”与“海洋世界史（大世界史）”也出现了具有划时代意义的空间扩张与变化。当我们连通这些时期后，世界史的脉络也将清晰可见。本书的观点是，除了施密特提到的大航海时代，世界史进程中还出现了其他“空间”，有的空间和大航海时代一样，存在两个不同属性的世界相衔接的瞬间。接下来，我将为大家介绍在世界史中具体能设定怎样的历史空间。

首先是世界史的第一个历史空间——东非大裂谷。这一空间占据了世界史99%以上的长度，被公认为人类文明的发源地。

东非大裂谷之后的世界史空间以大航海时代为分水岭，分成欧亚大陆空间（小世界史）、三大洋与包括欧亚大陆在内的多个陆地相结合的地球规模空间（大世界史）。但是仅以这三大空间呈现世界史未免太过粗略，因此必须在陆地世界史和海洋世界史中进一步划分出更为细致的空间。

首先，陆地世界史可以设立如下三个空间：孕育四大文明的干旱地带大河流域（世界史的核心区域）；帝国崛起的各区域空间（地中海沿岸、西亚、中亚、南亚、东亚等地）；马背上的游牧民族统合的欧亚空间。

其次，在海洋世界史中可以设立以下三个空间：大航海时代形成的大西洋空间；工业革命后，由于资本流动及机械工厂、铁路、蒸汽轮船的发展而重组的地球空间；20世纪下半叶的信息革命打造的全球电子空间。

也许除此以外还可划分出更多的历史空间，不过在研究世界史时，上述包括东非大裂谷在内的七个历史空间缺一不可。实际上，日本高中的“世界史”课程已经运用历史空间的变化构建了世界史框架。为了让学生拥有更广阔的视野，世界史教育一直在进行课程改革。新课程大纲采用的世界史结构可具体分为以下四个部分：欧亚大陆各区域的形成；各区域的交流与重组（欧亚大陆空间一体化）；各区域的融合与变化（大航海时代起形成的海洋世界与欧亚大陆发生的变化、19世纪以欧洲为中心形成的世界格局）；20世纪后的全球一体化。

要简明扼要地表述错综复杂的内容是一个非常艰难的过程，可以说新课程大纲是经各方专家深思熟虑后所提炼的成果。但是，由于西洋史与东洋史的传统地位根深蒂固，所以新的世界史观念难以渗透传播，想要改变长年固有的思维模式实属不易。

而如今这个世界，各地民族主义势力抬头，对历史的解释也趋于狭隘与政治化。正因我们身处这样的时代，全球化的视野才显得更为重要。活跃于世界舞台的新一代不应接受把视线固定于区域的世界史，而是需要俯瞰全球的世界史眼光。

何谓空间革命

在这一节，我想先对本书运用的概述世界史的历史观做一个简单的总结。

本书的关键词是“空间革命”。正如前文所述，这个词汇最早是由德国政治思想家卡尔·施密特在其著作《陆地与海洋：世界史的观察》中提到的。卡尔·施密特认为，历史上的巨大转变与历史所处空间的变化密不可分，同时也关系到广大范围内政治、经济、文化变迁的核心。他把空间革命解释为“真正的、原初意义上的基本秩序，本质上建立在某种明确的空间界限的基础之上，建立在某种标准和土地分配的基础之上。因此，每个伟大时代的开始，地区版图的重要改变都是与土地分割和掠夺联系在一起的”。

简单地说，就是空间规模首先发生了巨变，接着形成了与之相符的空间秩序。换言之，空间革命是一种历史形成的概念，着眼于因历史空间的大规模扩张而孕育出的新空间秩序。在这个过程中，马匹、航海、资本、电子则强有力地支撑起了这种空间革命。

本书把卡尔·施密特提出的空间革命视作构成世界史的要素，这样既能言简意赅地诠释世界史脉络，也能为读者展现出更为生动的历史画面。具体来说，我们可以结合前文的七个世界史空间设定如下六次空间革命。

第一次空间革命：在干旱地带的大河流域形成的大农业空间（约5000年前）；

第二次空间革命：马背上的游牧民族统合了大河流域与草原、荒地、沙漠空间，从而形成“各地区社会”（约2600年前）；

第三次空间革命：来自伊斯兰帝国的骑马游牧民

族与商人统一的欧亚规模空间（约1400年前）；

第四次空间革命：对大西洋的探索——大航海时代后，大洋与各大陆结合的庞大空间的发展；资本主义等近代世界体系的形成（约500年前）；

第五次空间革命：工业革命后以欧洲为中心的铁路、蒸汽和轮船统合了地球空间（约200年前）；

第六次空间革命：形成以美国为中心的全球电子空间（约20年前）。

六次空间革命中，“马匹”为第二次、第三次革命作出了重大贡献，第四次则是“航海”，第五次是“资本”，第六次是“电子”。

农业革命、城市革命、大航海时代、工业革命和信息革命一直以来都被列为世界历史上具有划时代意义的变革，这在教学课本中也有所体现。我提出的六大空间革命中，首次空间革命等同于城市革命，第四次革命是大航海时代，第五次是工业革命，第六次则是信息革命，与上述具有划时代意义的变革相吻合。可见，六大空间革命的设定绝不是无案可稽的突发奇想。

或许有读者认为第二次和第三次空间革命不过是空间规模的发展壮大，并未达到革命的程度。但是，这两次革命无疑开创了欧亚大陆历史的新时代。其中，第二次空间革命形成了欧亚大陆的各地区社会，第三次空间革命推动了欧亚大陆的一体化，构筑起欧亚商贸圈，促进了东西方文明的交流和融合。

在当今学界，“世界史从蒙古帝国开始”的观点颇为流行，这即是着眼于第三次空间革命促成欧亚一体化的立场所得出的结论。

世界历史空间向欧亚大陆外的扩张主要发生在“大世界史”阶段。第四次空间革命把世界史空间拓展至南北美、西非、大西洋、大部分印度洋和太平洋，第五次又加上了非洲、大洋洲等地。在第四次空间革命时期，世界史空间通过俄罗斯延及至欧亚的西伯利亚大森林地带，通过英国与法国囊括了作为殖民地的加拿大等北美森林地带。

空间革命的进程贯彻了弱肉强食的定律，不合常理的事件数不胜数。由于本书的主旨是结构性地阐明关乎今日的世界史脉络，所以并未对这些内容进行涉猎。

和把视线锁定于地中海、西欧及中国的东、西洋史不同，借助相继发生的空间革命研究世界史，可以让我们明确历史上的核心区域在全球范围内转移的过程。

在全球化的经济与文化活动中，我们必须以全球化的思维思考世界及世界史。因此，拥有国际化视角的世界历史观是不容忽视的关键环节。本书简明的世界史观点是我在NHK文化中心、朝日文化中心、东急Seminar BE等机构面向阅历丰富的成年人所举办的讲座中，不断摸索、反复提炼的结果，现将它们进行整合予以出版。

第一章
从人类起源至首次空间革命

第一节 一切皆始于东非大裂谷

从大裂谷地区至大河流域诸空间

人类在大裂谷地区的进化以及迁向欧亚大陆、美洲大陆、大洋洲的“伟大旅程”是欧亚大陆世界史也即“小世界史”的起点。

紧接着，世界空间发生了多次变化，所囊括的范围也越来越大。这些变化分别是：大河流域出现农耕、畜牧，形成了大农业空间（第一次空间革命）；帝国在西亚、地中海、南亚、东亚等区域崛起（第二次空间革命）；马背上的游牧民族建立了横跨欧亚大陆的帝国（第三次空间革命）。本书的第一章至第四章主要介绍了以干旱地带为核心的三大空间革命，作为“经济中心”的南方大河流域和作为“军事中心”的北方大草原是两大重点区域。

本章将对世界史前史——从东非大裂谷的人类起源到大河流

域的首次空间革命形成人口密集区的过程进行简述。东非大裂谷地区不仅是人类文明最早的发祥地，其北端的约旦峡谷也是最先种植小麦的地方，所以该地区在世界史上的重要性不言而喻。

线粒体夏娃与地猿始祖种

在关于人类起源的研究中，多源论（多地区进化说）曾是最为主流的学说，所以原本学界对世界史的起点并无定论。但在最近，利用线粒体这一细胞器内的DNA分子所进行的人类起源研究显示，全世界人类的共同母系祖先是一名非洲女性——“线粒体夏娃”。人类进化的主舞台被公认为在位于东非大陆断裂带的“大裂谷地区”。大裂谷地区宽约数十公里，长约7000公里，南起非洲东岸的赞西比河河口一带，向北经过埃塞俄比亚、红海，直至叙利亚、约旦，距离约为鄂霍次克海到南海的南北距离的两倍。

大裂谷地区的最深处是吉布提境内的阿萨尔湖，海拔为负153米。人们在阿萨尔湖所在的阿法尔洼地发掘出了双足行走的地猿始祖种化石。这些化石代表了距今440万年前的人类祖先。阿法尔洼地的气候十分炎热，夏天旱季的气温为48℃，冬天雨季的气温为25℃。最近，大裂谷地区以西的乍得沙漠又出土了距今700万年前的人类头盖骨化石，人类历史可能会因此追溯到更久以前。

约400万年前至200万年前，南方古猿（学名Australopithecus）的栖息地从靠近“非洲之角”的阿法尔洼地扩展至整个东非大裂谷地区。双足行走的古猿解放了双手，开始制造一些简易的石器用具。

到了约20万年前，东非大裂谷出现了现代人类的直接祖先（现生人类）——智人（学名Homo Sapiens，即具有智慧的人，简称智人）。面对寒冷的气候条件，一部分智人为寻找适宜狩猎与采集的居住地，从大裂谷北部的叙利亚开始了史称“伟大旅程”的迁移之旅。人类克服恶劣的环境，第一次将居住空间扩大至欧亚大陆、美洲大陆和大洋洲。

在持续的地壳变动和气候变化下，一代又一代的人类一边以狩猎和采集为生一边不断地进行迁移。假设人的一生要移动约10公里，那么从大裂谷地区迁移至中国则需要2万多年的岁月。在冰河时期，海平面比现在要低1300多米，亚洲与美洲连接处有白令大陆桥，与大洋洲亦有陆桥相连，因此人类能在各个大陆之间移动。

从约旦峡谷启程的小麦之旅

位于东非大裂谷出口的叙利亚附近曾停留了许多人。他们从相当于大裂谷北部的约旦峡谷，和东地中海沿岸的黎凡特地区发现了耐旱的野生小麦。环境考古学家安田喜宪推测，小麦种植应始于12000年前的新仙女木期。在这一时期，逐步回暖的气温又骤然下降，迎来气候急剧变冷的寒冬，人类开始在新月沃地（叙利亚至美索不达米亚平原形成农耕文明的地区）西部的约旦峡谷和黎凡特地区种植小麦[1]。此后，气候越来越干旱，小麦的种植渐渐传播至美索不达米亚和埃及。

人类开拓农地确保粮食生产，逐渐过渡至定居生活，人类管理的空间也得到了发展。日本人生活在年降水量大于1700毫米的宜居环境，所以很难理解干旱的可怕。而欧亚大陆上的半数地区，年降水量都低于500毫米。在气候分类上，沙漠的年降水量不足250毫米，草原的年降水量在250~500毫米之间。拥有灿烂的早期文明的古埃及、美索不达米亚和古印度皆属于年降水量低于100毫米的沙漠地带。4000多年前，面积可与欧洲匹敌的撒哈拉地区由草原变为沙漠，可见长期的干旱所带来的影响之大。

过上定居生活的人类建造出简易的小屋、沉重的工具、公共设施、炉灶、陶器和磨制石器。在迁移阶段，人类群体一般由20~30人组成。而过渡至定居生活后社会单位也随之改变，数十乃至数百人以血缘为纽带建立了氏族部落。狩猎与采集型社会的人口密度为每平方公里0.1~1人，而农耕社会则迅速上升至40~60人。

[1] 出处：《文明的环境历史观》。

与干旱密不可分的粟、水稻和玉米

四大文明中，古埃及、美索不达米亚、古印度都属于小麦文明。但在世界史上，也有许多像中国一样的农耕社会，主要依靠小麦以外的谷物为生。谷物的特征是能够长期保存，小麦之外的谷物也都多少与干旱引起的食物危机有所关联。

位于北纬34度附近的黄河中游流域，年降水量在500~750毫米之间，种植的谷物为粟（小米）、黍。虽然中游流域的自然条件相对良好，但却无法像西亚一样形成大规模的灌溉体系。大约在汉朝时期，小麦从西方传入中国，所以中华文明才得以较晚地加入小麦文明。

湿润的长江中游流域自古就开始种植水稻。但是直到唐代之后，水稻才成为中华世界的主要粮食。与小麦、粟、黍不同，种植水稻需要湿润的土壤环境，而关于它的起源也众说纷纭，不过哪种都与季节性的干旱有关。有些观点认为，中南半岛受季风气候影响，旱季与雨季交替出现，人类为了储粮度过旱季，开始种植水稻；而另一些学说则提出水稻起源于北纬30度的长江中游流域，因为该地区的季风力量曾在一段时间内大幅减弱，面对越来越干旱的气候，人们开始种植起了水稻。另外，美洲大陆的主食玉米，也是生活在雨季与旱季交替的中美洲地区的人类为了应对旱季而选择种植的谷物。

第二节 首次空间革命

大河流域成为新的历史空间

距今约8000年前，气候变得温暖，气温上升了7℃。此后的3000年间，气温比现在还要高2~3℃，海平面因气候温暖而大幅上升，海水淹没了白令大陆桥以及连通亚洲与大洋洲的多个大陆桥，人类被迫从沿海地区迁移至内陆地区。

上升的海平面和越加干旱的气候大大地减少了绿洲面积，加重了农田不足的问题。因此，饱受饥馑折磨的人们把拥有大量水资源的大河流域（大绿洲）奉为“希望之地”。各氏族部落齐心协力，建设堤坝、水路等基础灌溉系统，大举开垦农地。这就是第一次空间革命，在这一时期，人们为应对干旱引发的危机，开创了灌溉农业。

大河流域诞生大农业空间后，不懂耕作的牧民在空间周边发展起了商业网络。沙漠的骆驼、草原的马匹成为交通运输工具，形成了连接大农业用地与草原、沙漠的巨大空间。第一次空间革命出现了城市与国家，创造了具有地域特征的文明——以城市为中心的高级文化。在这场革命中，各部落联手的“引水造田”工程是一股重要的推动力。

虽然地球拥有极为丰富的水资源，可谓用之不竭，但适用于农业的淡水却出乎意料的稀少。地球的水资源总量为14亿立方千米，其中约97%都是海水，淡水储量仅占总量的2.5%。再看淡水的分布情况，其中极地、高山的冰川与积雪占有69%，地下水占30%，湖泊及沼泽水约占0.3%，河流水只有不足0.01%，比占淡水总量0.04%的大气水蒸气量还要少。总之，维系四大文明的河水资源，连全球淡水储量的0.01%都占不到。

展现身姿的城市与国家

城市是一个管理中心，由灌溉所需的知识、技术、手艺人及人们的集体协作建立而成。当然，城市的普及与小麦种植的传播密不可分。目前发现的最古老城市是耶利哥城遗址，这座城市被护城河与3.6米高的城墙所环绕，位于最早种植小麦的约旦峡谷。

到了约公元前3200年，随着小麦种植技术的传播，城市的概念扩散至美索不达米亚的南部。因为灌溉工作需要由超越氏族的权威与权力来调动人们劳作，所以那时的城市一般都建有彰显国王与祭司权威的王宫神殿，供祭司、官僚和军队居住。

作为灌溉工程的管控中心，城市与农耕村落的关系由最初的互利关系逐渐转变为统治—隶属的从属关系。英国考古学家戈登·柴尔德，把伴随城市诞生而发生的巨大社会变化统称为“城市革命（Urban Revolution）”。

不久后，不能生产粮食的城市配备了官僚、军队、法律、法庭等国家机器，颁布了旨在结合城市与周边农耕村落的体系与规则，这就是早期的城市国家（也称城邦）。这一时期的国家被视为王族的财产（家财），处于统治地位的氏族垄断了重要职务。

城市国家的统治基础是对信息的管理与传递。因此，用来记录信息的文字得到了发展。比如在地域方言各异的中华世界，就是依靠“汉字”把语言不通的官员组织在了一起。文字由大河流域向外传播，当今世界所使用的各种文字，大多起源于四大文明古国。

马创造的游牧空间

到农田寻找食物的食草动物，是农民获取蛋白质的重要来源。在农民看来，践踏农田的动物虽然给人带来不少麻烦，但驯化它们成为家畜后就可在必要时期取其肉用以填饥。大约9000年前，西亚地区的人类开始饲养猪、绵羊、山羊、牛等家畜。绵羊、山羊、牛、骆驼等偶蹄目动物具有雌性喜欢围绕雄性群居的特点，因此可以通过限定雄性数量进行畜牧的大群放牧管理。另外，不会反刍的猪则成为了农民饲养的家畜。

不懂耕作的牧民利用马匹、骆驼和毛驴成为干旱地带的商贸力量。经过漫长的岁月变迁，使用单峰骆驼的北非与西亚、驯养双峰骆驼的中亚以及驾驭马匹的草原组成了庞大的商业网络。不久后，现身于大草原的游牧民们从事畜牧工作，逐水草而居。黑海北岸的乌克兰和中亚的大草原都是游牧民的核心区域。游牧民为维系生活，每个家族平均需要饲养200头绵羊，于是每块区域只能供10余个家族生活。这样一来，游牧民一般相隔10公里以上分散居住于草原。每个家族的生活必要空间约半径30公里，家族与家族间相距甚远。所以，马成为了草原生活的必备品，在没有城市的草原上，部落社会由马相连。

马的发源地是北美，曾广泛分布于世界各地，但后来却因人类的狩猎活动而在美洲的多个地方灭绝，只剩下小部分栖息于乌克兰和中亚。于是，中亚草原发展了饲养与骑马技术，形成了游牧社会。

马具有强大的空间形成力。骑马技术的发展让马不再只是移动、负重的工具，还是一种能用来扩张空间的有力武器。因此，采用骑兵集群作战的游牧民族成为了第二次和第三次“空间革命”的旗手。《图说马与人类的文化史》的作者克鲁顿·布罗克提出：“直到19世纪蒸汽时代，机械最终取代马匹之前，人类社会一直在发展扩大马和驴的用途。如果世上不存在马这一物种的话，人类历史也许将被改写。古代的大型战争可能不过是内战，亚历山大大帝或许从未征服亚洲。”事实的确是如此，正如小麦是经济的象征一样，马也是军事的象征。如果没有“南方”大河流域的农业空间与“北方”大草原的游牧空间的合作与对立（欧亚南北冲突），那么欧亚大陆的世界史魅力也将大打折扣。

第三节
对比鲜明的埃及文明与美索不达米亚文明

季风造成的周期性河水泛滥创造了太阳历

埃塞俄比亚高原的规律性降雨令尼罗河长期流淌着奔腾的洪水。每年洪水退潮后，尼罗河中下游流域都会沉淀下丰沛肥沃的土壤，让沿岸地区成为了古代自然条件最为优越的农业地区。适宜的自然环境促进了埃及的空间革命。古希腊历史学家希罗多德（约公元前485年—约公元前420年）曾说过："埃及是尼罗河馈赠的厚礼。"确实，如果没有尼罗河的存在，埃及将和在郊外建有三大吉萨金字塔的开罗一样，完全被沙漠覆盖。

尼罗河的主要支流是以热带雨林的维多利亚湖（面积是日本第一大淡水湖琵琶湖的100倍）为源头的白尼罗河和以埃塞俄比亚高原为源头的青尼罗河，两河在苏丹的喀土穆附近交汇，最终流入地中海。两条主要支流中的白尼罗河沿途因水汽蒸发失去大量径流，所以埃及农业用水的80%都来自于埃塞俄比亚高原孕育的青尼罗河。

每年夏季，西南季风定期为海拔2300米、有“非洲屋脊”之称的埃塞俄比亚高原带来丰富的降水，雨水夹带着含有1.4亿吨矿物质的“黑土”，历时一个月汇入地中海，河流沿岸的土地也因此得到了灌溉。

尼罗河河水自6月起开始涨潮，到了10月，水位要比枯水期高11~12米，附近好几公里的土地因此被淹没。洪水冲刷了沉淀于农田的盐分，同时也淤积了富含营养的腐殖土，让农田重获新生。在埃及，如果泛滥期的水位低于6米，那么这一年就被视为饥荒之年。

古埃及人把自己国家的领土称为“凯麦特”，词源是尼罗河在泛滥时期带来的黑色肥沃土壤。在埃及，“黑色”象征了幸运；与此相对，代表沙漠的“红色”则被视为不幸。

与埃及人密不可分的洪水理所当然地成为了流域居民的基本生活标准。凭借长年的经验，埃及人发现尼罗河河水开始上涨的这一天，拂晓的金星、天狼星总会在日出时分和太阳升起至同一位置。于是，他们把这天作为起点，制定了一年365天的太阳历。可见，地球自转形成的规律性季风成为了制定历法的基础，决定了我们赖以区分日常的时间。

法老的大空间支配与实物经济

约公元前3100年，美尼斯国王统一了尼罗河三角洲与中游地区的42个农耕部落，正式开启了法老统治时代，三角洲的孟斐斯城因此被视为支配尼罗河的灌溉网络的中心。

法老自称是尼罗河的守护神，利用尼罗河征收实物税。埃及曾被沙漠、海洋和瀑布所环绕，在被波斯帝国征服（公元前525年）前的约2600年间，共经历了古王国（公元前27世纪—公元前22世纪）、中王国（公元前21世纪—公元前18世纪）、新王国（公元前1567—公元前1085年）三大时期，交替更迭了26个王朝，可谓历史悠久。

法老一词意为“大房子”，是埃及方言的音译，原指象征权力的宫殿。后来，法老自诩是天空神荷鲁斯（Horus）及太阳神拉（Ra）的化身，拥有至高无上的权威。法老对包括荒年粮食储备在内的所有庄稼收成征约两成的税，此外，法老还管理着依靠河流进行的商业活动。古埃及在未形成货币体系依旧使用实物代替货币进行交换的背景下，不得不建立复杂的官僚机制，到了古王国后期，官职数量已经增至1600多种，其中，协助法老的书记官占据了很大一部分。

冰雪融水的灌溉和小规模空间的复合

美索不达米亚文明的中心位于波斯湾深处的低矮湿地苏美尔地区（意为“芦苇生长之地”），由于地理位置的原因，此地并未受到季风的眷顾。位于美索不达米亚南部的巴格达，年降水量约为120毫米，只比开罗微微多了一些。因此，苏美尔地区唯有依赖发源于土耳其东部高山间的底格里斯河和幼发拉底河才能保证充足的用水，而这两条河的补给主要依靠的是高山的冰雪融水。

在苏美尔地区，苏美尔人（自称“黑头人”）开掘复杂的沟渠和蓄水池栽种小麦、大麦与椰枣等农作物。虽然该地区高度发展了灌溉技术，但却无法像尼罗河一样拥有全流域的灌溉条件。所以苏美尔人以区域灌溉网为基础，建立了乌鲁克、乌尔姆等多个城邦。乌鲁克是苏美尔最大的城市，在乌鲁克周围还修造了长达10公里的城墙，考古学家推算在公元前3000年左右，乌鲁克的人口就达到了5万人之多。目前世界已知最古老的叙事诗《吉尔伽美什史诗》就提到了乌鲁克的宏伟城墙，诗中的主人公乃乌鲁克第一王朝的第五任国王——吉尔迦美什（约公元前2600年在位）。

底格里斯河与幼发拉底河不仅每年的流量与泛滥期不同，夏季的水位也极低，因此在美索不达米亚平原进行水资源的分配管理是很难的。除此以外，苏美尔人还经常为干旱地区的秃山发生的突发性洪水而烦扰，一直在勤勤恳恳地建设蓄水池、滞洪水库、堤坝和沟渠。《旧约·创世纪》中诺亚方舟的故事记载说，大雨连降40天，洪水持续了150天后，除了充满信心的诺亚一家外，其他人全死了。这一洪水故事的原型就来自于《吉尔迦美什史诗》。《旧约》解释说，大洪水是上帝用来毁灭人类、制定崭新秩序的惩戒方式。不过，洪水在美索不达米亚却是家常便饭，传说风暴之神恩利尔因为看到人类生活放纵而感到恼怒，于是就发动洪水惩罚人类。

把部族编入国家的法律

由于没有得到季风的眷顾，所以美索不达米亚平原的灌溉规模并不大。平原的各城市间相隔30公里，常常为争夺有限的“水源”而发动战争，再加上周边沙漠、草原和荒地牧民对城市的入侵，战争爆发的频率越来越高。

此时，侍奉城邦守护神的祭司长也就是卢伽尔国王开始实行神权政治，城邦成为了支配公民的政治单位，所有人都被视为城邦守护神的奴隶。建设于平原的城邦中心区，使用天然灰浆与水泥凝固而成的砖坯砌成了人工丘陵和吉库拉塔（意为“天上之山”或“神之山”，是类似于梯形金字塔的建筑），再在上面建造神庙作为守护神的住所。

为了抵御外部民族的入侵，美索不达米亚平原上的各城市以最强大的地区为中心组建了城邦联盟。苏美尔人相信每年年初，神明都会聚集在一起，决定当年应该是吉还是凶，洪水是否会泛滥也来自于神明的意志。再后来，人们认为最强大的城邦的守护神主宰了神明大会，所以侍奉这一守护神的国王也自然成为了城邦联盟的最高领袖。另外，城邦守护神大会的统筹者则是用洪水来惩罚人类的风暴之神恩利尔。

在美索不达米亚平原，苏美尔人与来自北方的阿卡德人战争不断，但到了公元前19世纪，闪米特人的一支——游牧民阿摩利人作为新入侵者统一了各城邦，并在中游地区的巴比伦城定都建立了巴比伦第一王朝（约公元前1894—公元前1595年）。王朝的第六任国王汉谟拉比（约公元前18世纪在位）收集了自《苏美尔法典》以来的所有法律条文，在同态复仇法（即“以眼还眼，以牙还牙”）的原理上，制定了共计282条法律条文的《汉谟拉比法典》。比如，要是一个木匠在用砖坯建造房屋时偷工减料，致使交工后房屋主人因建筑坍塌而死亡的话，木匠也将被判处死刑。不过，贵族、平民和奴隶之间存在根深蒂固的阶级差异，阶级地位低的人能得到的赔偿要远少于阶级地位高的人。美索不达米亚平原上混杂着农民与牧民，聚集了拥有不同价值观与生活习惯的部族，所以想要在这一空间建立井井有条的秩序，就必须编纂法律，制定公平的规则与惩戒方式。

公元前16世纪，移居小亚细亚（即现在的土耳其）的赫梯人使用战车与铁器终结了巴比伦第一王朝。美索不达米亚平原从此进入了战争不断的动荡时代。这一时期的赫梯帝国垄断了冶铁技术，国力达到顶峰。

第四节
注重商贸的印度与政教挂钩的中华世界

与美索不达米亚相连的印度河流域文明

印度河流域的水源来自喜马拉雅山脉、兴都库什山脉的冰雪融水与西南季风，这里诞生了辉煌的印度河流域文明。考古学家曾在流域附近发现了一些以块滑石制成的、可能被用作货物标签的印章，上面刻有当时的文字，可惜至今无人能完全释义，所以印度河流域文明还存在着许多未解之谜。该文明的创造者主要是达罗毗荼人，有相关学说认为，由于当时棉布的生产与运用十分广泛，所以许多文书都记录在了棉布上，而棉布容易腐烂的特点也使得资料没有得到有效保存。

印度河流域文明的中心是摩亨佐·达罗（Mohenjo-daro）和哈拉帕（Harappa）等城市。前者以鼎盛时期高达3万的人口数量以及严整的城市规划闻名，后者则以城堡与数量众多的谷仓而闻名。这两座城市的建材是规格统一的烧制红砖，城中虽然拥有良好的供水排水系统，但却没有为统治者建造的巨大宫殿与神庙，主要的宗教性建筑是一座普通游泳池大小的浴场，为了防止漏水还涂上了天然沥青。所以说印度河流域文明是让人感受不到巨大权力存在的商业文明，实属当之无愧。

印度河流域通过阿拉伯海与波斯湾相连。河流下游的洛塔尔（Lothal）城建有用于运河与装卸船货的船坞，这里的人们经由波斯湾的巴林岛等地，与美索不达米亚平原上的各城市展开棉布、木材、红玉髓串珠等特产的贸易。位于美索不达米亚平原南部的城市乌尔甚至设有印度商人的专用居所。夏季与冬季，阿拉伯海的海流随季风风向而改变，人们利用这一点进行海上航行，印度河河口与波斯湾间的往来因此变得非常方便，而作为贸易据点的波斯湾巴林岛等美索不达米亚南部地区也出土了大量刻有印度河文字的块滑石印章。

印度河流域文明与埃及一样利用泛滥的河水形成了天然灌溉体系。但是，由于种种原因——例如上游地区的地震令印度河河流改道，或者气候变化导致此地不再有季风吹拂等，约公元前1800年印度河流域文明迅速衰退。同一时期，埃及中王国时代终结，西亚则颁布了最早的一部完整保存下来的成文法典——《汉谟拉比法典》。

此后，游牧民族雅利安人从阿富汗穿过海拔1070米的开伯尔山口，入侵印度河流域中游的旁遮普五河地带，并于公元前

1500年左右，征服了印度河流域文明。

黄河的粟文明与城邑网络

在远离大干旱地区的黄河中游流域与湿润的长江中下游流域也分别诞生了文明，黄河中游流域是这两种文明的核心区域。

黄河是一条特殊的河流，中游流域的河道十分弯曲，流经沉积着肥沃松软土壤的黄土高原，流至下游的过程中携带并夹杂了大量黄土，所以比起普通的河水来，黄河的泥沙含量更高。正是因为这一点，在流速缓慢的黄河下游河段，年均16亿吨的输沙量（黄土）使河床逐渐抬高，并以两到三年一次的频率决口泛滥，改变流径，这也是黄河流域文明成为典型内陆文明的原因。顺带一提，黄土高原上的黄土与每年初春吹入日本列岛的黄沙一样，都来自戈壁沙漠。

易发的大洪水把黄河流域文明锁在了内陆，文明波及的范围因此主要凝聚于中游流域。人们利用黄土台地的地下水，在较少遭受洪水威胁的支流丘陵地区种植了粟和黍这两种植物，不过黄河流域并未像美索不达米亚平原一样形成有组织的灌溉系统。粟的生长期为3~5个月，因为种子非常细小，所以多被用来煮粥。

种植粟可以省去灌溉步骤，所以中华社会较晚才出现国家，社会的中心是以祖先崇拜为纽带的氏族部落。各个氏族分散居住在广阔的区域。后来，由于年降水量不足，农耕民夯固黄土围起城墙，而城墙围起之地就被称为邑，一些处于支配地位的邑则是大邑。各邑以大邑为核心结成联盟，成为邑制国家，这一联盟同时也是抵御外部侵略的军事同盟。随着时间推移，邑的联盟逐渐演变成为商、周国家。

长江流域的稻米空间

长江发源于青藏高原，是亚洲最长的河流，干流长达6400公里，最后经长江中下游平原注入东海。在长江的中下游流域也出现了农耕社会，主要以种植高产的水稻为主。水稻不仅收成好，而且营养价值高，还经得起虫害，是非常理想的粮食作物。

水稻是应对旱季的粮食作物，其发源地被公认为是中南半岛。此地雨季雨量过剩，旱季的气候又类似沙漠地区。水稻就是在这一受到季风影响、旱雨季分明的特殊环境中被发现的。

水稻从长江上游传播至中游和下游。在高温多湿的长江下游流域，人们使用水田淹水的特殊灌溉法培育水稻。水田的优势在于每次淹水时可使养分分布均匀，还能洗去土壤盐分，个人的小规模作业即可匹敌埃及尼罗河泛滥所达成的去盐效果。此外，由于水田是在农地中蓄水，所以还能有效地抑制杂草生长，适合高温多湿、容易滋生杂草的江南环境。不过，水稻的种植过程较为复杂，必须一株一株地手工插秧，属于劳动密集型农业。最原始的稻作农业遗迹位于浙江省杭州湾南岸的河姆渡遗址（公元前5000年—公元前3000年）。此外，高产的水稻也是位于江南地区的楚国在春秋时代一跃成为大国的原因之一，而到了唐代后期，长江流域已经完全成为了中国经济的重心。后来，江南的种稻方法传播至东海、黄海沿岸，水田的空间随之而扩大，日本列岛也从西部被逐渐编入这一空间。

建构中华意识形态的商周革命

公元前11世纪，长达数十年的气候变化造成大范围的庄稼歉收与饥荒问题。在此期间，商（约公元前16世纪—公元前11世纪）王朝逐渐衰弱。曾是西部边境氏族的周朝（公元前11世纪—公元前256年）在商都近郊的牧野之战（又称“武王伐纣”）中大破商军。之后，属于游牧民族的周人又利用饥荒从商手中夺得霸权，在政治上再建了黄河中游流域的“空间”。彼时，因为商朝君王已自封为神，所以周王便避开神的名号，称自己为“天之子”，自此形成了影响后世王朝数千年的“奉天承运”的特有政治理念。

在商朝，人们认为天上有十个太阳（分别被命名为甲、乙、丙、丁……癸），每天轮流照耀大地，商朝历代君主就自称自己是这些太阳神的子孙。人们把太阳转完一轮需花费的十日作为衡量时间的基本时间单位——“旬”。“上旬”“下旬”的叫法就由此而来，直至今天仍在沿用。

命名十个太阳的“十干”与之后从西亚传入的“十二支”组合成了表示时间与方位的“干支”。十干和十二支的最小公倍数六十也是制定历法的基准，故称六十为“甲子”，代表人生的一个段落。商王每隔十天都要取龟腹部的壳与牛的肩胛骨用火烧灼，占卜未来的凶吉，再把占卜结果刻于骨上。这些兽骨上的内容就是汉字的祖先甲骨文。从图形演变而来的汉字，起到了把多语言共存的广袤地区整合成一个大空间的重要作用。现在的中国依然是一个多语言共存的空间，有吴语、闽南语、粤语等各地区的方言。

商王以神的身份，统辖了各个城邑，而成为新统治者的周王和自称为太阳神子孙的商王不同，他只是一个“普通人类”。所以，周王运用天命观巧妙地为统治权赋予了合理性，此后这种“受命于天”的思想也被各朝各代的政权继承。

除此以外，周朝还出现了新的“空间”支配理念：在被所有恒星环绕的北极星旁有一个微泛紫光的“紫微垣”，这里是统治自然与人类世界的天帝所居住的宫殿。天帝遴选（天命）道德出众之人为天子（王、皇帝），让天子和其身边的利益集团作为自己的代理人掌管天下，天子之后的继承人依照天帝的意志继续统治天下与人民。

基于这一理念，中华王朝的王（皇帝）只背负了天帝的责任，对人民则实施单方面的统治。在视天帝为主权者的纵向社会，与王之间的距离就代表了一切。因此，注重统治阶层的人治社会得到了迅速发展。在这样的社会中，法律与审判都凭主观臆断，流通货币的材料也不是贵金属，而由王（皇帝）来赋予其价值。这也是使用方孔铜钱，以“外圆”代表天，“内方”代表地的用意所在。

总之，中国的历史在某种程度上可解释为“政教一体”的历史，王（皇帝）及其身边的利益集团被人民视为至高无上的特殊存在，处于天下中心的中国即相当于世界。同样，王朝的更迭也可以用来解释社会变化。王一旦忤逆天帝意愿实行统治，主权者天帝的意志（天命）也将发生改变（革命），从而更换天子一族的人选。

周朝为了将君权合理化，把殷商末代的统治者商纣王（公元前11世纪在位）描述成了一个昏暴的君王，说其整日过着“酒池肉林”的荒淫生活，并对人民实施残忍暴虐的酷刑，所以最终为天帝所弃。另外周王还授予同姓亲族（诸侯）象征权威的青铜器，将各地大邑分封给他们。周朝与殷商的统治架构截然不同，采用以血缘为纽带的封建宗法制度统治众多城邑。

第五节 人类的轴心时代

欧亚大空间诞生宗教与学术

德国哲学家雅斯贝尔斯（1883—1969年）在《历史的起源与目标》一书中指出，公元前7世纪到公元前4世纪的一个时期，是世界史的“轴心时代”。在这一时代，欧亚大陆出现了现在基督教、伊斯兰教的根基，即犹太教和佛教以及儒教、希腊哲学等宗教与哲学派别。

公元前7世纪到公元前4世纪，欧亚大空间内不约而同兴起的文化现象也被称为“精神革命”。有趣的是，影响当今主流宗教与哲学价值观的思想都几乎诞生于同一时期。这是因为城市已经成熟，空间结构也发生了变化。那时自城市出现以来已历经2500年的岁月，城市建设在此期间得到了体系化的发展，宗教与学术通过完善的城市网络向周边地区辐射。

公元前7世纪到公元前4世纪，各地城市空间日渐完善，农耕民与游牧民的贸易往来愈加频繁，文明交流随之不断发展，以上种种迹象都是帝国处于崛起前夕的预兆。

琐罗亚斯德教成为西亚最具影响力的宗教

据说在公元前7世纪中期，出生于阿富汗北部的琐罗亚斯德（又译查拉图斯特拉，公元前628年—公元前551年，关于生卒年份也有其他说法）在30岁时得到了最高神阿胡拉·马兹达（Ahura Mazda）的启示，创办了以火为尊的琐罗亚斯德教（即拜火教）。他基于昼夜交替的自然现象发挥想象，把历史解释为代表光明的善神阿胡拉·马兹达与代表黑暗的恶神阿赫里曼（Ahriman）互相争斗的过程。每隔3000年善神与恶神的优势互换，在第9000年或是第12000年的决战中，善神取得了最终的胜利。爱迪生发明白炽电灯泡后把自己的新商品命名为“马自达（Mazda）”，正是取自光明神、善神的绝对光明之意。琐罗亚斯德提出，最终决战结束后将实行“末日审判”，只有光明神阿胡拉·马兹达的追随者才能上天堂。

琐罗亚斯德教在波斯人中广为流传，公元前6世纪波斯帝国（阿契美尼斯王朝）崛起后，琐罗亚斯德教被定为国教。波斯帝国从阿契美尼斯至萨珊王朝的历任国王都自称是阿胡拉·马兹达的代理人，借以强化自身权威。在伊斯兰教兴起前的1000年间，琐罗亚斯德教一直是西亚的代表性宗教，是大空间中的主流信仰。

在耶路撒冷发展壮大的“沙漠宗教”犹太教

叙利亚、巴勒斯坦等地既是沙漠上利用西亚骆驼作为运输工具的贸易中心，也是重要的文明中心。在这些地区中，耶路撒冷被奉为圣城，传说中这座方形的城市是从天而降的。

公元前6世纪，美索不达米亚平原的新巴比伦王国日益强盛，上至贵族下到平民的众多希伯来人被掠往巴比伦王国的首都巴比伦尼亚修建城市，重建高90米、多达7层的七曜塔，史称“巴比伦之囚”（公元前597—公元前538年）。

遭遇劫难的希伯来民族相继出现了预言者（先知），人们综合先知的语录，创立了以耶路撒冷为中心的民族宗教犹太教。犹太教的基础是创造天地的唯一之神耶和华（意为“我是我所是”）与希伯来人缔结的契约。耶和华是沙漠之神，而这里所说的“先知”是指转述神之话语的人，也即巫师。

希伯来人认为，当世界末日降临之时，“弥赛亚（救世主）”将现出真身，忠诚履行了神之契约的希伯来人是唯一能得到救赎的民族（选民观）。公元前10世纪至前1世纪，犹太教总结编纂了经典《旧约》。犹太教的“一神论”信仰脱离了与生活息息相关的各个地区的本土神，让信仰转变为适用于所有地区的普世信仰。以耶和华为神的基督教、以安拉为神的伊斯兰教都是派生自犹太教的宗教，耶稣和穆罕默德也都被各自的教徒称为“弥赛亚”。有趣的是，弥赛亚在希腊语中的意思就是基督。

由于叙利亚毗邻埃及和美索不达米亚平原，所以犹太教能够广受各地文明的熏陶，囊括了包括美索不达米亚的同态复仇法、洪水传说，西亚琐罗亚斯德教的末日审判在内的多种思想观念。

从轮回中寻求解脱的印度

在印度，以恒河流域城邦群的发展为背景，重视祭祀仪式的婆罗门教进行了一番改革，产生了探寻宇宙根源的思辨经典——《奥义书》，书中详细地探讨了宇宙的终极真理和人类的本质。

《奥义书》时期的重要观念是“轮回”与“业报”。印度的气候极易受到季风影响，总在严酷的旱季与雨季中循环往复，人们因此深切地感悟到苦难的连续与循环，认为个人的业报是造成苦难的原因。于是，印度宗教的基本命题就成为了“开创克服业报、从轮回中解脱的修行方法”。公元前6世纪—前5世纪，恒河流域的城邦迅速发展，兴起了乔达摩·悉达多（公元前563—公元前483年，生卒年份存在多种说法）创建的佛教与玛哈维拉（约公元前549—约公元前477年，生卒年份存在多种说法）创建的耆那教。这两大宗教都提出了实现解脱的修行方法，悉达多创建的早期佛教中并不存在“神”这一具象和概念，是从所有本土信仰中解放的城市型宗教，是超越了区域性神灵的普世宗教。

为政治效力的诸子百家

春秋时代（公元前770年—公元前403年）后期至战国时代（公元前403年—公元前221年），中国的城市战争空前激烈，空间领域的统一不断地得到促进，各地的掌权者开始寻求新的富国强兵之法。为了顺应统治阶级的需求，这一时期涌现了各类学者，也就是我们常说的“诸子百家”，他们周游列国，畅谈治国之道。聚集于城市的学者作为新兴势力，各自成立学派，提出有利于国家统治的学说思想。中国的学术具有浓厚的政治功利色彩，学术的主要目的也是用来服务国家，便于统治者统治人民。

在百家争鸣的各色学派中，儒家占据了极其重要的地位。儒家的创立人孔子（公元前551年—公元前479年）主张实现以家人间的爱为基础的“仁爱”。正如“齐家治国平天下”一词所言，家齐而后国治，国治而后天下平，家族的延长线上就是国家乃至天下。

除孔子外，崇尚兼爱这一无差别之爱的墨子（约公元前480

年—约公元前390年）、强调性善论的孟子（约公元前372年—约公元前289年）、提出性恶论的荀子（约公元前298年—约公元前235年）、讲究自然无为的老子（生卒年不详）、论述万物齐一的庄子（约公元前4世纪）也是当时的代表性人物。诸子百家的许多思想给后世留下了深刻的启示，其中儒家学说更是长期为中华帝国提供了意识形态上的理论支撑。

尝试解释世界与社会的希腊哲学

自公元前8世纪起，位于地中海东部的希腊出现了城邦，兴盛的海上贸易促进了国际文化的发展。其中，位于小亚细亚的米利都城成为了希腊与黑海附近地区进行贸易的核心地区，并在此地展开了寻求万物根源的自然哲学。

泰勒斯（约公元前624年—约公元前546年）因观察到水有液体、气体、固体三种形态，由此推测地球上所有物体都是由水变化得来，进而提出了“万物源于水”的水本原学说。他认为人衰老的原因在于水分的流失。泰勒斯曾在公元前585年成功预言了一次日全食，让人们大为震惊。

公元前5世纪上半叶的波斯战争结束后，生活在雅典的苏格拉底（约公元前469年—公元前399年）针砭时弊，批判城市文明中追求过度物质利益的利己主义，呼吁雅典青年懂得“无知之知”，在道德上有所觉悟。然而，苏格拉底却因为自己的思想被民主法庭判处死刑。苏格拉底死后，他的学生柏拉图（公元前427年—公元前347年）对雅典的民主制度彻底失望，提出了“理念论”，认为混沌的现象世界之外还存在真实的理念世界。而柏拉图的学生亚里士多德（公元前384年—公元前322年）则批判了老师的观念，主张混沌的现实背后隐含着真实。

像这样，在距今2500年前的伊朗高原、叙利亚、巴勒斯坦、爱琴海沿岸、恒河流域、黄河流域等各个空间中，宗教与学术都取得了显著发展。

第二章
马与战车创造了各区域世界

第一节 第二次空间革命始于西亚

世界史上首个帝国崛起的背景

第二次空间革命时期，西亚、地中海、印度半岛和中华世界都发生了区域性的空间革命，并分别形成了庞大的帝国。空间革命的核心人物有统摄西亚和地中海的大流士一世、亚历山大三世，地中海的奥古斯都、印度半岛的旃陀罗笈多（月护王）和中华世界的秦始皇。受地理、历史等因素的影响，第二次空间革命给各地带来的新秩序具有不同的特点与风格。

西亚是世界史上最早诞生帝国的地区。在该地区，农耕民与游牧民共存，并会进行日常贸易，这在以农耕文明为主的欧亚大陆实属特殊。所以，当游牧民带来轻型“双轮战车（Chariot）”后，攻击型的作战理念也立刻流传开来。双轮战车有两个轮子，以马牵引，车上通常有一名驭手和一名弓箭手。约在3500年前，马牵引的轻型战车就因为印欧系游牧民的波浪式攻击而得到普及。

到了约2500年前，波斯人运用双轮战车和轻装骑兵成功统一了美索不达米亚平原、尼罗河流域和印度河上游流域。此外，波斯人还征服了大河流域的谷仓地区，把草原、沙漠、荒地等多种空间都并入了帝国的统治范围内（基于军事征服的第二次空间革命）。

这里使用的帝国一词较为模棱两可，意为这个国家统治了广袤的空间与居于其中的众多民族。而广袤空间的范围则包括了沙漠、山丘、草原、荒地、海洋等无法逾越的地理屏障。这些通过统一的文字、宗教、法律等支配的空间成为了现在地中海、欧洲、西亚、南亚、东亚等各区域的根基。

在欧亚大陆各地展开的第二次空间革命基本上都是贫穷的游牧民族使用马与战车征服农耕社会的过程，因此大部分区域都建立了侧重军事的社会体系。简而言之，帝国即是由具备军事优势的部族向农业地区征收谷物为税，然后再向处于统治地位的部族和周边部族分配谷物的体系。在农民看来，草原、沙漠与荒地都是无法生产谷物的“负担”，所以帝国对他们而言，价值非常有限。

大流士一世统一三大文明空间

公元前7世纪，亚述帝国（公元前7世纪上半叶—公元前612年）征服了美索不达米亚平原、叙利亚与埃及，成为了世界上最早统治农业与商业重地的国家。

亚述人原本以商人为主，后来引入了斯基泰人的马术，配备了由骑兵、步兵、工兵、补给部队等机动力量组成的常备军，成长为拥有近万人骑兵的庞大军事势力。亚述人巧妙地运用战术征服了美索不达米亚、叙利亚、埃及等经济重地。为了迅速确立中央集权制，他们在各地实行苛刻的赋税政策，利用武力进行铁血统治，并强制各地的人们进行迁移，招致了各部落的反抗。不过这些反抗都被亚述人在短时间内平息了。

接着，生活于伊朗高原西南部（80%都是近乎沙漠的荒地）的波斯人的势力日益强大，他们拥有强悍的骑兵军团与战车队，通过军事征服，建立了延续200年的波斯帝国（阿契美尼德王朝，公元前550年—公元前330年）。波斯人的轻装骑兵自5岁就开始专心研习骑射十数年，直至20岁成年，他们驾驭着战马，成为帝国的主力军。大流士一世（公元前522年—公元前486年在位）继承了先王的意志，以“万王之王”的称号统一了美索不达米亚平原、埃及、印度河流域三大文明空间，究其性质而言，这是一场边境游牧民对中央农耕地区的征服。

波斯王自称为琐罗亚斯德教光明神阿胡拉·马兹达的代理人，在波斯波利斯建造了宏伟的宫殿，并且每年都会于此举行盛大的新年仪式以示权威。波斯帝国通过驿道与官僚机构来统摄广袤的空间。全国境内纵横交错的王道，帮助波斯王以帝都与地方城市为中心施行统治。王道连接行政中心苏萨与土耳其半岛的西部城市萨迪斯，贯穿整个帝国的中央地区，全长约2400公里。这条王道采取了驿站制度，每隔25公里就配备一个旅舍，全线总计有111个站点。据说，若骑马日夜不停地行进，则可把原来111天的徒步行程缩短至仅仅7天。驿站制度在信息收集、行政与治安的维持上充分发挥了马的速度优势。

面对辽阔的空间，波斯王不得不实行网状统治，因这一统治形式而成为据点的城市因此得到了大规模发展。例如代表美索不达米亚平原的巴比伦城即是如此。据公元前450年左右造访此地的古希腊历史学家希罗多德记载：巴比伦城围有全长89公里的城墙，墙顶可通四轮马车，配有百扇青铜城门。

波斯帝国把波斯人与米底人的贵族派往各行省，封为“总督”（satrap，希腊语中意为政权守护者）统管各部落。总督征银为税（根据地区特性也会征收金或沙金，金为银价值的13倍），再把全境征收到的约36.7万公斤重的银汇集至帝都铸造成银币。银币象征了君主的权威，是帝国统治广阔空间的证明。

波斯帝国的经济主力是来自叙利亚的闪米特人，他们驾驭骆驼在沙漠里从事贸易，帝国的公函文书上也使用了闪米特文字。闪米特语因此逐渐成为波斯帝国的通用语言。

斯基泰人确立了马的空间形成力

位于黑海以北伏尔加河流域的斯基泰人，结合战马与弓箭将军事技术进行了系统化。约从公元前10世纪开始，众多游牧民移居至伏尔加河流域。到了公元前8世纪左右，斯基泰人统一了多个部落，并在公元前4世纪建立了多部落混合的国家。

公元前6世纪，斯基泰人发明并改良了马衔、缰绳、马鞍等马具，形成了一整套骑马技术的体系。此外，他们还运用短弓与三翼箭镞创造了骑射技术，短弓的射距甚至可达到200米左右。而作为控马要点的缰绳，则是斯基泰人利用马前齿与后牙的间隙所创造出来的，他们在这一间隙中安入骨片（之后改为金属片），再系上缰绳，这样就能自由地控制住马了。这场骑射革命让马成为了推动空间革命的重要角色。

斯基泰人研发的战术，沿着横贯东西8000公里的中亚草原，分别传播至匈牙利平原与蒙古高原。骑射技术的开创让乌克兰的斯基泰人及蒙古高原的匈奴培养出了威胁波斯帝国与中华帝国的军事实力。公元前514年，阿契美尼德王朝派出70万名士兵、600艘舰船从黑海攻击斯基泰人。斯基泰人则运用游牧民族最擅长的焦土战术击退了对方。

亚历山大大帝东征与三大帝国建立

波斯帝国建国200余年后，因部落冲突与总督的拥兵自立而从内部瓦解。在这一时期，马其顿的亚历山大三世（亚历山大大帝，公元前336年—公元前323年在位）率5000装甲骑兵与3万步兵进行东征（公元前334年—公元前324年），成功征服了干旱地带的大帝国——波斯帝国。

希腊北部的马其顿王国毗邻游牧民族斯基泰人的居住地，自前任国王起就积极从斯基泰人手中引进马匹，组建骑兵军团。亚历山大大帝本人也十分精通马术。他因父亲被暗杀，年仅20岁就继承王位。继位后不久，亚历山大大帝率领马其顿与希腊的联合部队，于公元前330年消灭了阿契美尼德王朝，开立横跨希腊、埃及及印度西北部的亚历山大帝国。亚历山大大帝完成了对大空间的重组。他在数十个战略要地以自己的名字建立了据点城市（亚历山大城），并派遣军队与商人迁往这些城市居住。

在这些城市中，建于埃及尼罗河三角洲的亚历山大城尤为出名，这座城市的人口增长到了100万人，是希腊商人的据点城市，被誉为“全世界的连接点”。

亚历山大大帝短短十余年的远征，成为了后述小麦世界分成三大区域的契机。亚历山大大帝统治了沙漠商业中心叙利亚、谷仓地带埃及，而他的猝死使得庞大的亚历山大帝国于短期内迅速崩解。此后，叙利亚与埃及归希腊人统治，奠定了公元前1世纪世界上首个海洋帝国——罗马帝国（公元前27—395年）的诞生基础。另一方面，波斯人则在西亚重建帝国。

波斯帝国灭亡后，亚历山大大帝发动的印度远征虽然以失败告终，但却让曾是恒河中游流域的政治、经济中心摩揭陀国，为抵御外部侵略而加强了军队力量，从而形成了世界首个位于潮湿地带的帝国——孔雀王朝（约公元前317年—约公元前180年），可以说正是亚历山大大帝开启了水稻地带的空间革命。

第二节 互相对峙的利维坦与比蒙巨兽

游牧民族帕提亚帝国与农耕民族萨珊王朝

依靠地中海航海维系的罗马帝国和借助马匹重建的波斯帝国，好比是《旧约》的约伯记中两头互不相容的巨兽："上帝创世第五天分别造出了两头庞然大物，一头叫作利维坦（利未雅坦），性格冷酷而凶残，是盘踞于大海的鲸；一头叫作比蒙巨兽（贝西莫斯），称霸陆地，饕餮无厌。"而这两大帝国的漫长战争从公元前1世纪一直持续至7世纪。战争的起点是亚历山大帝国的衰败与分裂，终点是7世纪中叶伊斯兰帝国的崛起。

公元前3世纪中叶，游牧民族波斯人入侵了亚历山大大帝继任者所统治的西亚，重新建立了帝国，这一帝国就是帕提亚。帕提亚的正式名称是阿萨息斯王朝，但由于波斯人在西亚被当作"侵略势力"，所以罗马人取其出生地名，称帝国为"帕提亚"。帕提亚帝国是典型的游牧帝国，马掌最早由它制造，因名为“帕提亚回马射（Parthian Shot）”的精妙骑射技术而闻名。

帕提亚帝国派出轻骑兵对抗兴盛期的罗马重装步兵军团，实力上势均力敌。虽然帕提亚帝国与罗马帝国之间的战事旷日持久，战线也越拉越长，但却在公元224年，被崛起于阿契美尼德王朝旧土——伊朗高原南部的农耕民王朝——萨珊王朝（波斯第二帝国，公元226—651年）所取代。

萨珊王朝由志在复兴波斯人帝国、恢复琐罗亚斯德教的农耕民创立。在罗马帝国的军人执政时代，萨珊王朝对其而言就是一个巨大的威胁。两者展开的长时期战争，也极大地影响了罗马帝国的文化。萨珊王朝的第二任君主沙普尔一世（公元241—272在位）在埃德萨战役中俘虏了罗马皇帝瓦来里安（公元253—260在位）与7万名罗马士兵，自称为“伊朗以及非伊朗人的众王之王”。

萨珊王朝承继了帕提亚帝国对司法神、光明神、军神密特拉的信仰。公元1世纪以后，密特拉信仰传入罗马帝国，成为与基督教比肩的大宗教密特拉教。密特拉教最盛大的祭典是在冬至后祈祷太阳复活的节日，日期为12月25日，据说基督教的“圣诞节”就来源于此。此外，从中亚传入东亚的大乘佛教，也把密特拉转化为末世时期下生人间普度众生的未来之佛——弥勒。弥勒信仰作为下生信仰，经常被中华世界的别有用心者打着“弥勒佛出世”的旗号鼓动农民进行起义。总之，密特拉给东西方世界都造成了巨大影响。

5世纪以后，萨珊王朝因中亚骑马游牧民族嚈哒的入侵而陷入混乱。对此，王朝鼎盛期的国王库思老一世（公元531年—579年在位）与突厥人结成同盟，消灭了嚈哒，重新振兴了国家威望。6世纪下半叶，在查士丁尼一世（公元527年—565年在位）的统治下，萨珊王朝与重建地中海世界的拜占庭帝国展开了激烈战争。7世纪上半叶，双方的战事已经到了白热化的地步，但此时萨珊王朝却遭到伊斯兰教穆斯林的入侵，于公元651年灭亡（详情后述）。

占据枢纽位置的东地中海

海洋帝国罗马是依靠亚平宁半岛拉丁人的军事能力及希腊人的海运和商业能力组合而成。其中，活跃于东地中海的希腊商贸圈是罗马帝国形成的前提。所以我们有必要先了解一下商贸圈诞生的前史。

尼罗河流域的大谷仓地带埃及、沙漠的商贸中心叙利亚以及在这些地区背后与美索不达米亚相连的东地中海，都是规模远小于现在的世界史的重要区域。夏季炎热少雨的地中海气候，导致了谷物产量不足，不过却转而促进了海上商业贸易的发展。

约公元前2000年，克里特人创造了以克里特岛的克诺索斯为中心的海洋文明——克里特文明（约公元前2000年—约公元前1400年）。克里特岛位于爱琴海最南部，主要负责向埃及提供铜资源。英国考古学家阿瑟·埃文斯（1851年—1941年）在克诺索斯挖掘出当时的王宫遗址，推测王宫里有大小宫室共1500间，包括行政厅、作坊、粮食储藏库、神殿等，居住人口多达8万人。

但到了公元前1628年，爱琴海南部锡拉岛（因岛的守护者名为“Saint Irene”，所以也被称作圣托里尼岛）附近的一座巨型海底火山突然爆发，喷射出约61立方公里的岩浆，岛屿因此大面积塌陷。火山爆发引起的大地震与150米高的大海啸让克里特岛的中心城市克诺索斯遭到了毁灭性打击，克里特文明从此一蹶不振。

克里特文明衰落时期，东地中海的迈锡尼文明（约公元前1600年—约公元前1200年）与小亚细亚的赫梯王国一度也非常繁荣，但却因为遭遇旱灾而衰弱，最终被融合了众多民族的“海上民族”摧毁。

公元前11世纪以后，黎巴嫩的腓尼基人稍晚于其他地区，在爱琴海周边兴起了商业贸易。腓尼基人以黎巴嫩的推罗、赛达等港口城市为中心，开辟了东西横跨地中海中央诸岛及伊比利亚半岛的地中海航线。他们用黎巴嫩雪松（属于喜马拉雅雪松的一种）造船，船首以马头装饰。腓尼基人在地中海沿岸各地建立了殖民地，通过可被誉为“世界史上首个综合商社”般发达的海上贸易，把东方的先进文明扩展至地中海地带。他们的主要商品是黎巴嫩雪松、塞浦路斯岛的铜、使用骨螺（一种海螺）内脏色素染成的紫红色布匹以及奴隶，等等。腓尼基一词在希腊语中的意思就是“运销紫红色布匹的商人”。

腓尼基人出于商业贸易的实际需求，以古埃及的象形文字与美索不达米亚的楔形文字为基础，发明了由22个辅音字母组成的表音文字字母表。字母表不仅简单还易于记忆，并适用于任何语言，所以被希腊人与古罗马人继承，成为了欧洲许多文字的共同祖先。

雅典与城邦的兴衰

为了抗衡腓尼基人，希腊人也紧随其后地在爱琴海（多岛海）周边建立了商业贸易网络。公元前8世纪后，希腊人在各个部落统治阶级聚居的地方筑起环绕城墙的城邦。城邦拥有专属的卫城（建于山丘的军事据点），并建有用于商品交换的集市广场，人口规模一般在数百人到数千人，属于较小的规模。各城邦的人口逐渐增多后，希腊人则开始向沿海地区移民并逐步建立殖民城市。雅典哲学家柏拉图把沿海诞生的多个城邦有趣地称为“围在池塘边的青蛙”。

随着波斯帝国的日益壮大，与其毗邻的腓尼基也被纳入帝国版图。于是，机会降临在了后起的希腊人身上。

公元前6世纪末，波斯王大流士一世经由爱琴海与黑海攻打黑海北岸的游牧民斯基泰人。在这一时期，位于小亚细亚的诸多希腊城邦爆发叛乱（公元前500年），远征斯基泰失败的大流士一世为了恢复威信，于是向希腊世界发起报复，史称“波希战争”（公元前500—公元前449年）。

值此生死存亡之际，以雅典为首的城邦最先击退了波斯军队，雅典组织了由200个城邦联合的军事同盟——提洛同盟（约公元前478年结成），雅典自此迎来了兴盛时期。雅典全盛期的执政者伯里克利（约公元前495—公元前429年）将供奉雅典娜女神的帕特农神庙进行重建，使其成为了这一时代的标志性建筑。希腊人的商贸圈也遍及了从亚平宁半岛南部到黑海的海域。

然而与此同时，雅典的内部冲突与来自其他城邦的反抗却愈演愈烈，公元前5世纪下半叶，雅典与斯巴达争夺霸权的伯罗奔尼撒战争爆发（公元前431年—公元前404年），希腊的极盛而衰由此开始。到了公元前4世纪下半叶，除斯巴达以外的希腊城邦因在喀罗尼亚战役（公元前338年）中被马其顿王国击溃而丧失主权，沦为马其顿人的附庸。

亚历山大大帝对腓尼基人的致命一击

公元前334年，马其顿国王亚历山大大帝武力统一了各民族，并率领马其顿和希腊联军远征波斯帝国。远征军由大约3万步兵、5000骑兵组成，亚历山大大帝似乎对自己的军队很有信心，全军只携带了30天的军粮。此外，随军东征的还有一大批商人、贫民和奴隶，这是一次被称为“城市行进”的奇特远征。

亚历山大大帝首先把矛头对准了宿敌腓尼基人。他在远征途中建设水坝，攻击并彻底摧毁了腓尼基人在远离陆地的岛屿上修建的中心城市泰鲁斯。从此，东地中海易主了，成为了希腊人的海洋。

亚历山大大帝在32岁时不幸猝死，帝国因此以地中海为中心瓦解为马其顿、叙利亚、埃及三大王国。自波斯帝国灭亡（公元前330年）至罗马征服三大王国中留到最后的埃及托勒密王朝（公元前304年—公元前30年）为止，这一长达300年的时期被史学界称为“希腊化时代”。

地中海的空间革命与罗马帝国

位于东地中海尽头亚平宁半岛的罗马与航海民族希腊人合作，凭借军事力量建立了帝国。第六任国王塞尔维乌斯（约公元前578—约公元前535年）在执政时期，组织了森都利亚大会（百人队），把单一的农业社会改造为军事共同体。罗马的军事主力是自备武器的农民重装步兵，贵族骑兵则负责掩护军队两翼，可以说，罗马的军事力量联合希腊商人，在地中海发动了空间革命。

公元前3世纪，罗马凭借战争和高明的联盟政策统一了亚平宁半岛的各个城邦，征服了希腊人在意大利南部建立的殖民地（“大希腊地区”）。在希腊与迦太基围绕谷仓地带西西里岛的统治霸权而展开的争夺战中，罗马出手支援了希腊。迦太基是在地中海西部拥有大商贸圈的腓尼基人城邦。公元前264年至公元前146年，罗马发动了三次布匿战争，最终攻破迦太基，确立了在地中海西部的霸权地位。

此后，罗马向位于地中海东部的分崩离析的希腊人世界宣战。公元前30年，屋大维（公元前63年—14年）攻破了克丽奥帕特拉（公元前69—公元前30年）率领的军队，把东地中海纳入帝国版图。罗马帝国自此变身为利维坦，在统治大空间的全身上下覆满了坚若铠甲的厚实鳞片。地中海被罗马帝国分离出西亚的干旱地带，成为了海洋帝国罗马的内海。

“罗马治世（Pax Romana）”与日益扩大的社会矛盾

伴随统治空间的膨胀与希腊化文明带来的影响，罗马经历了长达百年的内乱，在凯撒的独裁期结束后，公元前27年，屋大维（公元前27年—14年在位）继承了凯撒大帝并进一步巩固了独裁体制。他自称为奥古斯都（意为至尊者），作为开国皇帝创立了罗马帝国。

奥古斯都在保留罗马部落制度的同时，执行了行省制度，通过军事力量使地中海沿岸地区成为帝国的行省，也就是实际意义上的殖民地。帝国一词在拉丁语中叫作“Imperium”，词源是“Imperator”（军队最高统帅），指依靠军事力量统治的辽阔空间。罗马帝国分为十二大行政区，由从首都罗马调遣的军队与官员稳定地方统治秩序。

在信奉传统多神教的罗马，国家共同体的重要仪式是兼任大祭司的皇帝所举行的祭祀，这也是皇帝用来树立权威的重要仪式。

罗马帝国的鼎盛期是“五贤帝时代”（公元96年—180年），其中，图拉真皇帝（公元98年—117年在位）在统治时期把帝国的疆域扩张到历史最大范围，人口也达到了5500万人，因此史学界把罗马帝国前200年的兴盛时期称为“罗马治世”。

在这一时期，罗马为了维持国家的基本运作，每年都要派遣船只从行省征收50万吨以上的小麦。由于行省税吏的高额征税要求，行省内民众的生活变得越来越苦不堪言。《日耳曼尼亚志》的作者塔西佗（约公元55年—约120年）写道：“罗马人制造废墟，称之为和平。”此外，贵族与上层平民通过承租、购买国家征服的公有地和兼并小农土地占有大片田产，实行了奴隶占有制的大庄园经营方式（拉丁文为“latifundium”）。而自备武器、长期从军的中小农民阶级则因为农田荒废、粮价暴跌、橄榄油流入而纷纷破产。逐渐拉大的贫富差距，促使罗马帝国走向衰亡。

为了吸收中小农阶级的失业大军，罗马帝国召集他们在亚平宁半岛内陆地区与阿尔卑斯山脉以北，修筑了全长约85000公里，深达2米，采用直线铺设的军事大道，并在重要地区建设了棋盘状的营寨城。巴黎、伦敦、维也纳等现在的国际大都市都是由军事营寨城发展而来的。在罗马帝国的最鼎盛时期，罗马人沿地中海建设了5600余座城市与殖民市。

衰落的帝国与基督教

公元1世纪，在征收苛捐杂税的罗马帝国犹太省，耶稣（约公元前4年—30年）因反叛罪被处以极刑。他死后，以耶稣为弥赛亚的基督教得以形成。耶稣的十二门徒大多为贫穷的渔民，由此可见，基督教曾经的传教对象主要是平民百姓。门徒们基于记叙耶稣生平事迹的"福音书"编撰了《新约》，并拒绝敬拜罗马皇帝。基督教虽然被罗马帝国视为异端宗教而遭受镇压，却仍然在以地中海东部为中心的地区逐渐盛行起来。

公元212年，随着罗马人逐渐从亚平宁半岛迁居至地中海沿岸，卡拉卡拉皇帝（公元209年—217年在位）将罗马帝国的公民权授予行省内所有居民。行省的独立性越来越强，以行省为纽带维系的海洋帝国性质开始逐渐被削弱，首都罗马的地位大不如前。帝国从此进入了行省军团争权的"陆地帝国"时代，也就是50年间接连出现26任皇帝的三世纪危机时代（也即军人当政时代，公元235年—284年）。

三世纪末，军人皇帝戴克里先（公元284年—305年在位）建立四帝共治制，效仿毗邻的陆地帝国萨珊王朝神化君权，运用官僚机构与职业军队实行君主专制统治，海洋帝国的色彩进一步被削弱。

继任者君士坦丁大帝（公元306年—337年）将首都从罗马迁至位于黑海入口的君士坦丁堡。公元313年，君士坦丁大帝颁布了《米兰敕令》，宣布已深入底层民众的基督教为合法宗教，不久后，基督教便蜕变为统治阶级的宗教。

公元392年，狄奥多西皇帝（公元379年—395年在位）正式将基督教定为国教，并禁止了其他异教信仰。基督教由此成为背后有帝国权威支持的罗马唯一宗教。公元395年，狄奥多西皇帝在临死前，把帝国分与二子。罗马帝国自此分裂为东罗马帝国与西罗马帝国两个国家。

帝国被一分为二后

匈奴民族对黑海北岸的入侵迫使日耳曼民族迁移，西罗马帝国因此陷入了一片混乱之中。

公元375年，饱受匈奴压迫的西哥特族开始迁移。以此为契机，日耳曼各族如潮水般涌入西罗马帝国，史称“日耳曼民族大迁移”。公元476年，日耳曼人出身的罗马雇佣军将领奥多亚克（约公元434年—493年）推翻了西罗马帝国。维系罗马城的输水系统与运粮道路日趋萧条，到了6世纪，曾多达100万的罗马人口锐减为3万人。

罗马帝国分裂后，地中海东部的海洋贸易依旧维持着运作，以君士坦丁堡为首都的拜占庭帝国（公元395年—1453年）也延续了千年。

到了6世纪，拜占庭帝国向进入衰退期的萨珊王朝加强了攻势，6世纪末，海洋帝国拜占庭与陆地帝国萨珊之间战事不断，战争激烈而冗长。7世纪中叶，在伊斯兰教团的领导下，阿拉伯游牧民族发动了大规模军事行动，占领了拜占庭帝国的重要地区叙利亚、埃及以及萨珊王朝的全部领土。从此，利维坦与比蒙巨兽对峙的时代告一段落，“小世界史”过渡至由骑在马背上的游牧民主导的新阶段。

第三节 印度中心从干旱地带移至潮湿地带

被征服的原住民与种姓制度

被喜马拉雅山、苏莱曼山等四大山脉封闭于北部的印度次大陆，总面积约为450万平方公里，曾是被隔离于欧亚大陆之外的“大空间”。在距今3000多年前的印度世界，中亚的游牧民族（雅利安人）运用马和战车展开了征服行动，中心地区由印度河流域转移至潮湿的恒河流域水稻地带，印度与欧亚大陆的阻隔也越来越大。

印度的自然环境分为两种，一种是受季风影响，交替出现雨季与旱季的北部地区，另一种是干旱的南部德干高原。白人雅利安人越过连接阿富汗与印度世界的开伯尔山口，入侵印度旁遮普地区。他们留在物产丰富的印度北部，建立了复杂的社会体系。

征服者雅利安人把创造了印度河流域文明的达罗毗荼土著

变成了自己的奴役，设立了划分阶级等级的“种姓制度”（印度语中意为“出身、门第”），分别是婆罗门（祭司）、刹帝利（军人、贵族）、吠舍（平民）与首陀罗（仆役）。种姓（Caste）一词来源于葡萄牙语中的“血统”，是后世对这一制度的称呼方式。

雅利安人认为自然现象承载着神性，而祭司婆罗门能够控制各种神灵，因此开创了以对神的赞歌（《吠陀》）和祭礼为核心的婆罗门教。与由皇帝制定律法的中华帝国不同，在印度，婆罗门被视为神圣法律的守护者，王权的正统化需要经过婆罗门的仪式来执行。国王与婆罗门在政治职权上互相独立，借此防止王权独裁现象的发生。印度因为拥有喜马拉雅山等天然的屏障，阻挡了骑马游牧民族的入侵，鲜有战争发生，因此基本处于小国林立的状态，很少出现像中华世界一样，为了争夺唯一的霸主地位而长期进行大型战争的情况。

在水稻地带互相竞争的城市国家

印度次大陆上最为肥沃的土地位于湿润的恒河流域。印度河流域文明消亡后，雅利安人于公元前1000年左右从旁遮普地区迁移至恒河流域，他们用铁斧开垦了多雨地区，把印度的中心从西部的干旱地带转移至东部的潮湿地带。高产的水稻社会得到了进一步的发展，印度就此被分离出作为欧亚大陆世界史中心的大干旱地带。

无需大规模灌溉的水稻农作物，未能孕育出如同西亚的恢弘霸权。约公元前6世纪，恒河中游的“大那迦罗”城市陷入了割据纷争的状态（印度把有屏障包围的村落称为“那迦罗”，那迦罗规模扩大之后就成为了大那迦罗）。不久后，以大那迦罗为中心的城市国家开始形成。最早的佛典记载道，在公元前6世纪左右，印度有摩揭陀、居萨罗等16个重要的城邦，大部分都位于恒河流域。

公元前6世纪至公元前5世纪，印度在城邦发展的背景下出现了佛教与耆那教。佛教以修行获得解脱为宗旨，其创始人乔达摩·悉达多曾提出：“比起把剩余的经济收入消费于宗教仪式上，不如将这些收入用来投资。收入的四分之一为生活所用，四分之一用于储蓄，剩下的二分之一则应投资于明智的项目。”这段话也从侧面反映出了当时的印度具有发达的商业水平。

阿育王尝试以佛法统一空间

经过城邦的发展和兼并后，在土地肥沃、拥有丰富铁矿资源的恒河中游地区，崛起了一个强国——摩揭陀国（位于现在的比哈尔）。叙事诗《摩诃婆罗多》描写了摩揭陀国繁荣的经济，称其人口众多、家畜品种齐全、降水充沛，商店里的商品琳琅满目。

摩揭陀国的军事将领旃陀罗笈多（约公元前317年—约公元前296年）在印度半岛掀起了“空间革命”，创建了印度的首个帝国。他在前文所述的亚历山大大帝撤离印度后，率领为备战而集结的60万步兵、3万骑兵、9000头军象和数千辆战车，以恒河流域为中心统一了北印度，创立了孔雀王朝。世界上首个位于水稻地带的帝国由此诞生。

孔雀王朝是城邦与各地方缔结的松散联盟。在多神崇拜的恒河流域，由于无需大规模的灌溉体系且农耕民也鲜少与游牧民发生战争，所以帝国存在的必要性极弱。在孔雀王朝，国王仅直辖管理摩揭陀国，对其他地区则采取松散的统治方式，连语言和度量衡都没有统一。印度因拥有喜马拉雅山脉的天然屏障而极少遭遇游牧民族入侵。相比西亚和东亚的干旱地带，印度缺乏发展为强大帝国的动力。

不过，孔雀王朝的第三任国王阿育王（约公元前268—公元前232年）却是个例外，他组织大军进攻孟加拉湾沿岸的强国羯陵伽，最终统一了除南端外的整个南亚次大陆，孔雀王朝从此成为了印度历史上第一个基本囊括南亚次大陆的帝国。

但是，血腥的战争让阿育王受到了强烈的精神震撼，他放下屠刀，皈依佛教，认为“万民皆子”，以佛法（达摩）的教诲统治辽阔疆域。阿育王放弃了武力征服的政策，希望依靠精神伦理统治帝国。

阿育王把辽阔的帝国空间划分为四大行政区，任命王族子弟作为总督驻守其中。不过这些王族总督只拥有名义上的管理权，实际权力还是在当地出身的官员手里，中央每隔四五年才派遣监察官探访行政区情况。这种松散的统治方式是影响国家稳定的一大隐患，孔雀王朝在阿育王死后只支撑了半个世纪就早早灭亡了。

印度教兴起的笈多王朝

孔雀王朝灭亡后，恒河流域长年处于混乱之中，中亚至北印度诞生了以突厥系游牧民为主的贵霜王朝（公元1世纪—3世纪），印度南部的德干高原则出现了达罗毗荼系的百乘王朝（公元前1世纪—3世纪）。

4 世纪初，恒河流域的气候又变得潮湿起来，笈多王朝（约公元320年—约公元550年）于此时兴起。笈多王朝时期，印度教吸收融合了以婆罗门教为中心的平民信仰和佛教等诸多宗教信仰，主张宇宙万物皆有轮回。正是因为印度教的这一变革，在拥有复杂历史的多样性地区，通过多神崇拜的印度教实现了信仰的统一。

现今印度人口的约80%（接近9亿人）都是印度教的信徒。印度教杂糅了雅利安人的婆罗门教和本土信仰，是由村神、家神、英雄神、兽神等各种神灵组成的多神教，既没有统一的教主也没有系统化的经典。印度教的三大主神在众神中占据最高地位，分别负责创造、维持、破坏和重生天地万物。其中，创造神梵天是第一位主神，乃缔造万物的始祖；太阳神毗湿奴是第二位主神，维持天地的稳定；破坏神湿婆是第三位主神，负责将世界毁灭后又令其重生。不过，在宇宙诞生后，创造神梵天的地位便日益下滑，梵天信仰因此衰竭，印度教成为以毗湿奴神与湿婆神为核心的多神体系。

约公元8世纪，印度教虔信派兴起，主张虔诚地信仰上述最高神，令信仰渗入平民大众。笈多王朝编纂了汇总印度教教徒伦理规范的《摩奴法典》，还编成了从宗教角度讲述湿婆神、毗湿奴神故事的民族神圣史诗《罗摩衍那》和《摩诃婆罗多》。主张解脱轮回之苦的佛教充满了思辨性，因此难以融入普罗大众，后来，印度教把佛教创始者佛陀，即释迦牟尼佛也吸收成为毗湿奴神的化身之一。

另外，笈多王朝的学术文化十分发达，从“空”的思想衍生出了“零”的概念。“0”在梵文中被念作“suunya”，传入伊斯兰世界后被称为“sifr”，在英语中则是“cipher”。不久后，记数法中也添加了“0”，形成了一套完整的位值计数法。世界通用的阿拉伯数字，实际上是印度人发明的，因由阿拉伯人传至欧洲才被称为“阿拉伯数字”。

笈多王朝被从中亚入侵的游牧民族嚈哒人夺走了西印地区，在公元550年左右灭亡。接着，戒日王朝（公元7世纪）统一了北印度，但王朝在开国君主戒日王死后就迅速瓦解了。此后，各地纷纷建立了军事要塞城市，印度重新陷于各种势力争斗的分裂局面。

边境德干高原与东南亚

以德干高原为中心统治中印度的百乘王朝（安达罗王朝）把恒河流域文明传入南印度，百乘王朝也因为引进了先进文明，从而强化了自身的统治权威。

季风地区东南亚与印度隔孟加拉湾而望，这里由于印度商船的频繁往来发展成为比肩地中海的古代海洋世界。印度商人为获取丁香、肉桂等香料，沉香之类的香木以及金制奢侈品渡过孟加拉湾，在东南亚各地设立了商业据点。他们从孟加拉湾出发，经由马来半岛中央的最狭处克拉地峡，进入泰国湾，然后在湄公河的下游（现在的柬埔寨）创建了扶南（公元1或2世纪—7世纪），还在越南南部创建了占城（公元2世纪末—17世纪）。

东南亚最大的湖泊洞里萨湖到了旱季就是一个天然的蓄水池，扶南受益于此，成为了亚洲自然环境最好的农业地区。1944年，法国考古队挖掘出扶南的港口城市哥俄厄的遗迹，从中出土了罗马皇帝安东尼·庇护（公元138年—161年在位）时期的银币、犍陀罗艺术的印度佛像和西汉古镜等诸多文物，证明这里曾是一个国际港口。

公元7世纪，马六甲海峡的航线被成功开辟后，马来人围绕海峡建立的诸个城市以苏门答腊岛的巨港为中心结盟，成立了三佛齐王国，掌管马六甲海峡的海上贸易。

公元8世纪，夏连特拉王朝（8世纪中叶—9世纪上半叶）占领了爪哇岛北部，把海上贸易进一步拓宽至马鲁古群岛。夏连特拉王朝的繁荣景象，可以从爪哇岛中部的大乘佛教石造婆罗浮屠舍利塔遗迹中窥探一二。

中南半岛上，高棉人在前述湄公河下游的柬埔寨建立了农业社会。其中，12世纪的吴哥王朝（约公元802年—1432年）达到了鼎盛时期。吴哥王朝兴建的印度教寺院遗迹吴哥窟和城市遗迹吴哥城是令亚洲为之自豪的瑰丽文化遗产。

第四节 不断改朝换代的中华帝国

围绕大空间霸权的漫长战争

西部与北部的高山、沙漠、草原堵住了中华世界通往欧亚的出口，两者间的隔绝程度甚至比印度还要严重。另外，黄河每两到三年都会决堤泛滥，河水改道频繁，因此也切断了中华与海洋的连接，使中华帝国成为了一个典型的内陆帝国。

如前所述，中华世界的统治观念遵循了天命论，天帝代理人接受天命，以天子的身份统治天下。在有限的空间内，统治阶级围绕至高无上的霸权地位展开长期战争，战争的胜利者最终执掌整个帝国。中华世界正是以这种独特的模式推动着历史前进。基于独特意识形态的战争延绵不断，赢得战争、成为霸者的开朝皇帝在中华被视为神一般的存在，天下乃其囊中私产。王朝的更迭被赋予了天命转移的观念，一个又一个相似的王朝周而复始地运转下去。中华世界的政治披上了宗教的外衣，循环往复地追求至上权力。

战争不断的中华世界大致可被分为以下四个时期：

①春秋战国时代（公元前770年—公元前221年），为形成帝国做准备的频繁内战时期；

②秦、汉帝国时代（公元前221年—220年），秦国短暂地统一了空间，汉朝实现了长期统治；

③魏晋南北朝时代（公元220年—589年），中华世界因游牧民族的入侵而进入大分裂时期，与此同时也把空间扩张至潮湿的江南地带；

④隋、唐帝国时代（公元589年—907年），形成深受游牧民族影响的辽阔帝国。

在①、②的中华世界，90%的人口都集中在黄河中游流域的干旱“中原”地区，历史的主轴是与蒙古高原强大的游牧民（匈奴）间的激烈战争。在这两个时期，长江以南的潮湿之地尚是被称为“越蛮”“楚蛮”的未开发之地。

到了③时期，北方游牧民族的入侵逐渐让混有汉人血统的游牧民成为了统治阶级，随着汉人的迁居，“南方”潮湿地带的人口比重越来越大。虽然同是中华帝国，但②时期的秦汉帝国与④时期具有浓厚游牧色彩的隋唐帝国却存在本质上的区别。

春秋时代末期，江南吴国掌握了把铁熔炼至1450℃后浇入铸型的冶炼铁器技术，这一技术也逐渐传播到了北方。铁锄牛耕的出现与普及，让各诸侯国迅速发展了灌溉事业。此外双轮战车的广泛应用也扩大了战争规模，成就了“霸者”之业。

战国时代末期，天下势力尽归“战国七雄”。其中，秦、楚、赵三国的人口达到约500万人，齐、燕、韩、魏四国有两三百万人口。这七大国供养了数十万至百万步兵，国君统治着人口众多的首都和多个地方城市（郡城、县城）。这一时期的战争一旦爆发往往持续好几年，甚至出现了双方参战士兵超过50万的大型战役。

秦始皇帝奠定了中华帝国的基础

公元前221年，秦王政权逐一击破六国，创立了大秦帝国（公元前221年—公元前206年）。秦王政权不仅以军事统一了战争频繁的巨大空间，还建立了延续千年的中华统治体系的原型。秦王规定用汉字书写官吏往来的文书，以此管理语言不一的诸地区，满足了统一大空间的前提条件。同时，也只有习得汉字的精英，才有能力在方言不同的辽阔土地上活动。即使在现今的中国，南北方的方言也截然不同。

秦王完成统一大业后，创“皇帝”一词（皇取灿烂辉煌之意，帝指主宰万物的天帝），自称为始皇帝（公元前221年—公元前210年在位）。他基于天命观，作为接受天帝委托的皇帝直接统治万民，并设立官僚制度，把氏族部落转化为国家系统。秦始皇将秦帝国的所有领土划分为郡县由自己直辖，并由自己负责任免地方官（郡县制），从而把分散于地方的权力层层归集中央。秦朝根据阴阳家的五德终始说，以本朝为水德。由于水德尚“六”，所以秦始皇把帝国全境划分为三十六（之后增至四十八）郡，郡下设立千百个县，派遣官员进行管理。

县是帝国推行统治的基础单位，表“悬挂于首都”之意，管理县的官吏在当地权势者的协助下征税治安。郡是统管各县的行政单位，在读音上类同“军”，属于中央派遣军队管辖的范围。

秦朝修建了帝国交通干线并统一了马车车轴长度。在连接首都与各地的12000公里道路系统上，约7500公里都是道宽70米的主干道路“驰道”，并每隔一定距离都设有驿站。驰道专供皇帝出行、官员往来以及非常时期的军队转移所用。对秦朝而言，蒙古高原的游牧势力匈奴是非常棘手的敌人，为抵御外敌，秦始皇令人连起战国时代北方诸侯国的城墙，在此基础上修建万里长城，计划圈起中华帝国的统治空间。

饱受匈奴困扰的长寿汉帝国

秦朝灭亡后，楚国贵族项羽（公元前232年—公元前202年）与沛县（今江苏徐州）农民刘邦（公元前247年—公元前195年）为了帝国的霸权展开了激烈的角逐，胜者刘邦（汉高祖，公元前202年—公元前195年在位）创立了大汉帝国（西汉公元前202年—公元8年，东汉公元25年—220年）。

汉帝国在地方上继承了秦朝皇帝直辖领土的郡县制，同时又分封诸侯王国，郡国两制并行，并且允许地方拥有一定程度的自主权。这种统治方式虽然在理念上缺乏一致性，但却是结合现实背景的灵活制度。汉帝国使用熔矿炉大量冶铁，曾是世界上最大的铁器生产国。

西汉、东汉的400年间，中华帝国趋于稳定。西汉鼎盛时期的汉武帝（公元前141年—公元前87年）一生致力于与匈奴作战。如前所述，匈奴的实力可匹敌西亚的斯基泰人，匈奴的军队拥有高超的骑马技术。连汉朝的开国皇帝刘邦也曾被匈奴军队围困，与之缔结了屈辱的和平条约。与匈奴全面开战的汉武帝计划与游牧民族大月氏联手夹击匈奴。大月氏因被匈奴赶出蒙古高原，迁居至阿姆河上游的巴克特拉地区。于是，汉武帝派使臣张骞（？—公元前114年）及一百名随从出使大月氏。虽然这场谈判以失败告终，但十几年间的长途跋涉，让张骞考察到了不少异国的风土人情。孤立的帝国首次打开了视野，欧亚西部与东部的网络逐渐连接了起来。

西汉末年，外戚王莽（公元前45年—公元23年）篡夺汉朝政权建立了新朝（公元8年—23年）。然而以儒家思想为基础的新政脱离了社会现实，很快以失败告终，新朝也因赤眉起义（公元18年—27年）而灭亡。之后，刘秀（汉光武帝，公元25年—57年在位）建立了东汉，把都城从渭水边破败不堪的长安迁至黄河中游的洛阳。东汉期间，地方豪强势力抬头，皇权式微，洛阳的规模远不及前代首都长安。

而在东汉时期，武将班超（公元32年—102年）被任命为西域都护（西域地方最高长官），统管绿洲诸国，在他的管理下，丝绸之路的商贸往来越来越繁荣，印度、罗马帝国等国的各种文化与信息也经由丝绸之路详尽地传入了大汉帝国。

游牧民入侵和汉人大迁移造成空间膨胀

东汉伴随着地方豪强势力抬头、统治阶级腐败以及贫富差距的拉大而爆发了黄巾起义（公元184年），最终于3世纪灭亡。地方势力不断扩张的军阀和中央的宦官、外戚、党人争夺大权，致使政府统治机制陷入瘫痪。不久之后，历史迈入了三国时代（公元220—280年），北方的魏国、长江中下游的江南吴国与长江上游的四川蜀汉围绕中华的统治权展开了激烈的角逐，这也正是《三国志》中魏国曹操（公元155—220年）、吴国孙权（公元182—252年）、蜀汉刘备（公元161—223年）及其军师诸葛亮（孔明，公元181—234年）所活跃的时代。

再之后，司马炎（晋武帝，公元265—290年在位）以下犯上废魏自立，建国号为晋（西晋，公元265—316年）。公元280年，西晋灭掉东吴，统一了中国，至此三国时期正式结束。晋武帝在统一中国后很快就过世了，其子晋惠帝愚昧无知，外戚企图利用这一点控制王权。为此，八名皇族成员起兵对抗外戚，开启了史称“八王之乱”（公元291—306年）的皇族大混战。在混战之中，诸王与擅马术的游牧民族结羽党为援，引入了胡骑的力量。

战乱之中，匈奴王刘聪以匈奴代代都与汉室联姻为借口攻占洛阳（永嘉之乱，公元304—316年），进而推翻西晋建立了游牧民族的部落政权。自此，被称为“五胡”的游牧民族接连在黄河流域创建了多个国家（五胡十六国时代，公元304—439年）。中华帝国的心脏地带变成了骑马游牧民与农耕民杂居的空间。汉人为躲避游牧民族的残暴统治大举迁移至水稻地区江南，中华世界因此被马重组，成为了囊括潮湿地带的更辽阔的世界。

由于中华帝国的史书主要以朝代更迭为主轴，所以并没有详细记录五胡十六国时代发生的汉人大迁徙，而是把这段历史划入了静态的王朝交替之中。所以，如果不能从另一种角度大胆地去看待中华帝国的循环历史观，就无法体会到东亚史的真正魅力。

随着骑马战术的普及，中华空间与中亚的联系越加紧密，游牧民族的风俗习惯（胡风文化）被广泛流传至东亚，大乘佛教也在中华世界扎下根基。为了与外来的佛教抗衡，综合本土传统信仰的道教组织出现了。

由于北方干旱地带被游牧民族占据，所以汉人加快了对江南的潮湿稻米地带的开垦。中华世界因此扩大成了一个更广阔的历史空间，分别由带有浓厚游牧色彩、主要种植小麦的北朝和世族力量雄厚、依靠水稻维系的南朝组成。统一华北地区的鲜卑族北魏（公元386—534年）在孝文帝（公元471—499在位）时期大力推行汉化政策，促进游牧民族与汉人的融合，带有强烈游牧色彩的新汉人成为了新的统治阶层。

公元313年，高句丽（约公元前1世纪—公元668年）在朝鲜半岛北部吞并了汉人的统治据点乐浪郡，把黄河流域的骑马战术与佛教传播至朝鲜半岛。不久后，建立国家的趋势也随着马匹和骑马技术传播至朝鲜半岛南部与日本列岛，诞生了百济、新罗和稍晚些的大和王朝。佛教也和儒教、道教一起传入了朝鲜半岛和日本列岛。

游牧系隋朝开凿大运河

隋（公元581—618年）灭南朝陈国，终结了延续300多年的魏晋南北朝时代。隋朝夺取了淮河以南由汉人王朝（陈朝）统治的水稻地区，一举拓宽了中华世界，这就是中华世界本土的“空间革命”。由于隋朝在短期内灭亡，所以一般把隋与唐合称为隋唐帝国，这两个帝国都带有浓厚的游牧色彩。

隋朝为了统摄新的中华空间，开凿了古代世界最长的京杭大运河，全长1800公里的河流衔接了作为军事中心的黄河中游地区和作为经济中心的潮湿江南地区。这条世界罕见的内陆干线水路弱化了开辟航海路线的必要性，中华帝国因此拥有了闭关于内陆地区实行统治的条件。

隋朝在扩张的空间中实行均田制稳定政局，另一方面却又向高句丽发动了三次远征，不过皆以失败告终。最终，隋朝由于大规模的农民起义建国不到40年就灭亡了。

最强盛的农业帝国——唐朝

大唐帝国（公元618—907年）的皇帝李世民被尊为“天可汗”，因为他降服了骑马游牧民族突厥人，一时间把统治空间扩张至帕米尔高原以西的地区。唐朝的强大力量源于对地方豪强的压制以及通过均田制把全国的农地都划入皇帝名下统一管理。在实施均田制的基础上，唐朝要求所有农民都必须缴纳租庸调。同时，朝廷还可根据府兵制，低成本地调动60万农民从军打仗。均田制是对统治者极为有利的政策，朝鲜半岛诸王朝与日本列岛的大和王朝都曾尝试。

8世纪上半叶，唐朝在唐玄宗李隆基（公元712—756年）的执政时期达到了巅峰。当时的首都长安居住了许多从伊斯兰侵略势力中逃脱的波斯人，他们带来的异域风情为繁荣的唐朝锦上添花。但是，在唐玄宗晚年时期，土地不足的问题日趋严重，农民逃避繁重兵役的现象又令府兵制无以为继。因此，玄宗只好建立雇佣兵，借助骑马游牧民族的力量防御国家边境，并从中央委派节度使统管异族雇佣兵军队。

唐玄宗在位后期失去了长年陪伴身边的皇后，转而对年轻的儿媳杨贵妃（公元719—756年）一见倾心。因杨贵妃集皇帝三千宠爱于一身，所以其势力也借势飞黄腾达。其中，粟特人节度使安禄山（公元705—757年）的权势最为强大，对现状的嫉妒不满及膨胀的野心促使他发动了安史之乱（公元755—763年）。当叛军占领长安后，长年远离战争、缺乏危机意识的唐朝顷刻间陷入生死存亡的危机。

虽然朝廷勉强平定了叛乱，但在唐朝采取怀柔政策的华北地区，节度使割据一方，将土地与当地农民占为己有，从此大唐国运急转直下，由盛转衰。华北因节度使和地主势力的快速扩张形成了土地私有制，沿袭隋唐两朝的均田制正式崩溃，农民从此变为佃户。

唐朝在华北的税收由节度使独揽，所以只得依靠盐税维系财政开支。9世纪下半叶，在私盐商贩黄巢（？—884年）的带领下，农民起义军于中国境内纵兵四掠（黄巢起义，公元875—884年），各地的节度使纷纷从唐朝独立。

公元907年，节度使朱全忠（公元852—912年）灭唐立后梁，中华世界进入了各地节度使（藩镇）割据政权的五代十国时期（公元907—979年）。

但是，由于中国有“身体发肤，受之父母”的观念，所以颠覆这一传统的武士普遍地位低下，没有发展出和日本一样的武士阶级。又因为古代中华世界的常态是由天子一人统治天下，所以也未能孕育出诸侯在领地建立武装、分权统治的形式。

安史之乱后的大混乱时代持续了约200年，最终由宋（公元960—1279年）为混乱的割据时代画上了休止符。宋朝集军权于皇帝手下，架空了节度使的权力（杯酒释兵权），把支配权分配给科举出身的文官。这一由文官支撑的君主独裁体系一直被沿用至20世纪初期，共计约1300多年。

第三章
马背上的游牧民族开启了欧亚一体化

第一节 第三次空间革命与东西方文明交流

逃离恶劣的自然环境、建立新空间秩序

公元7世纪至14世纪，是阿拉伯人、突厥人、蒙古人相继创建大型帝国（欧亚帝国）的时代。在这些大帝国崛起的背景中，发生了以“大撤离（Exodus）”为形式的第三次空间革命。阿拉伯人居住的阿拉伯半岛大部分都被沙漠覆盖，夏季气温最高可达45℃，气候炎热至极。突厥人居住的土库曼斯坦，沙漠也占到了80%以上的领土面积，夏季气温达到40℃以上。蒙古人生活的蒙古高原，是一个冬季平均气温低至零下30℃的干旱之地，西伯利亚的凛冽狂风在此呼啸肆虐。在极限之地挣扎的部族强烈希望摆脱贫瘠的游牧生活，这种意志驱使他们发起了一连串空间革命。

在第三次空间革命中，阿拉伯人、突厥人以军事征服与迁

移实现了部族的大撤离，另外，一部分蒙古人也移居至欧亚各地。骑马游牧民结合强大的军队（使用马与单峰骆驼作战）与商人提供的信息，制定了欧亚规模的空间秩序（欧亚帝国）。当时游牧民崛起的关键因素是农业帝国拜占庭、萨珊王朝与中华世界宋朝的衰落。他们抓住千载难逢的机遇创建帝国，最终诞生了蒙古人横跨欧亚的超级帝国。

在现在看来，“游牧”已然是遥远的历史产物，但游牧民曾以卓越的军事能力主导过欧亚大陆的事实却是毋庸置疑的。英国著名历史学家阿诺德·汤因比（Arnold Toynbee，1889—1975年）对这段历史感触颇深，他独具慧眼地把7世纪至14世纪概括为“游牧民爆发的时代”。

在广阔空间中交流联系的东西方文明

以干旱地带为中心的欧亚大陆，因其辽阔空间的统合开启了一个可称为欧亚全球化的崭新时代。在欧亚大空间中，东西方文明的交流融合伴随着商人的频繁活动达到了前所未有的高度，各地区的文明都迎来了质的飞跃。

关于这一时代的历史，游牧民族的侵略行径最容易受到大众瞩目，但其实蓬勃发展的商贸圈和商人网络联结起的大空间才是这段历史最为鲜明的特点。第三次空间革命中，商人以骑马游牧民形成的大空间为基础重新整合并制定了新的秩序。

在早期阿拉伯人、突厥人主导伊斯兰帝国的时代，印度数字（阿拉伯数字）等印度文明进入伊斯兰世界，推动了文明的融合。同时，稻米、砂糖、棉花、柠檬、代数、复式记账等新兴事物也传入了地中海世界，北印度被逐渐伊斯兰化。连通西亚与中国南部的陆地及海上商贸兴起后，伊斯兰世界受中国炼丹术寻求长生不老的启发，流行起了炼金术。结果这不仅促使人们发明了蒸馏器等实验用具，也为化学的发展做了充足的知识准备。在禁酒的伊斯兰世界，蒸馏器专用于制作香水，而当蒸馏器传入欧亚后则成为了酿制威士忌、白兰地、伏特加、白酒等蒸馏酒的工具。可见，欧亚空间的统一也让人们品尝到了味道醇正的美酒。

蒙古帝国时期，中国文明与各种信息悉数传入伊斯兰世界与欧洲社会。众所周知，中国发明的火药、指南针与活字印刷术让欧洲社会发生了翻天覆地的变化。

草原游牧民的马、沙漠商人的骆驼、季风吹拂下的海上三角帆船与戎克船加强了欧亚空间内各区域的联系，促使被编入欧亚帝国的各地区作出了改变。各地区的变化，根据被编入欧亚帝国的时长与情况不同而各不相同，但这种把过去彼此孤立分散的空间相互结合，促使发生变化的过程却是非常重要的。当然，这一过程既有正面意义也有负面因素。

第二节 单峰骆驼孕育的伊斯兰帝国

准备改变欧亚大陆的穆罕默德

第三次空间革命骤然启动于大部分都是沙漠的不毛之地——阿拉伯半岛。众所周知，这场由阿拉伯人担任旗手的欧亚空间革命与伊斯兰教密不可分。

伊斯兰教的创始人是沙漠商人穆罕默德（约公元570—632年），他出生于阿拉伯半岛西部的交通商业枢纽麦加城。穆罕穆德的父亲在他出生前半年病逝，6岁时母亲又离开了人世，这样一个幼年父母双亡的悲苦孤儿最终却改变了世界的潮流。

曾经有一块陨石闪耀着红光从天空坠入麦加城。陨石的神秘特性让麦加城成为了阿拉伯游牧民的圣地。人们在城市中心建造克尔白神殿，供奉这块直径30厘米的黑色陨石。麦加城也因此发展成为以神殿为中心的宗教之都。分布于阿拉伯半岛的多个由大约200人组成的游牧部落在克尔白神殿中供奉了各自的部落神，每到祭祀之时，麦加城都会举办热闹的集市活动。

坐落于阿拉伯半岛西部（汉志地区）的麦加城原本只是一个地方宗教城市。但到了6世纪末，萨珊王朝与拜占庭帝国的战争日益白热化，在两国军队都在互相攻击对方的首都时，麦加城迎来了商业上的兴盛时期。这一时期，新的商贸路线延伸至阿拉伯半岛西部的汉志，连通了叙利亚的大马士革与阿拉伯半岛南部的也门，而麦加城正坐落于这条商路的交通枢纽位置。

穆罕默德在25岁时，骑着单峰骆驼去叙利亚一带经商，在那里博得了40岁富孀赫蒂彻的信赖，两人结为夫妻。这段婚姻彻底改变了穆罕默德的人生。屡次前往叙利亚做买卖的穆罕默德接触到了犹太教等一神教，形成了新的宗教观念。由于对麦加城繁荣背后不断拉大的贫富差距失望透顶，穆罕默德从40岁起，便常常去城外郊区希拉山的山洞里沉思冥想。在他某天冥想时，感知到大天使吉卜利勒授命自己作为唯一真主安拉在人间的预言者（先知）。此后，穆罕默德英勇无畏地在阿拉伯人多神教的宗教中心麦加传教，他宣称“末日审判”即将到来，呼吁人们皈依真主安拉。穆罕默德自称能以阿拉伯语传达神的意志，是“末日审判”前的最后一个先知。在阿拉伯语中，伊斯兰意为“绝对皈依独一无二的真主安拉”。

然而，穆罕默德三年的传教过程只召集到70名信徒。随着传教的深入，多神教教徒针对安拉信徒的指责与迫害愈发严重，公元622年，穆罕默德为了躲避麦加的宗教迫害，带领信徒迁移（希吉拉，Hijra）至离麦加城350公里远的叶斯里布（之后被命名为麦地那，意为“先知之城”），后来伊斯兰教教徒把穆斯林分批迁徙的年份定为伊斯兰教历纪元。

穆罕默德在麦地那调停当地两个游牧部落持续多年的争执，清算血债及金钱债务，并根据与各部落达成的和平协议（麦地那宪章），以伊斯兰教团（乌玛，Umma）为核心统一了当地的游牧部落，穆罕默德因此成为阿拉伯游牧民的领袖人物。

公元630年，穆罕默德率领约10000名游牧民追随者，兵不血刃地占领了麦加城，他下令捣毁360座供奉于克尔白神殿的部落神像，以唯一真神安拉的名义一统阿拉伯半岛。但在两年后的公元632年，穆罕默德突然辞世，他的一生在阿拉伯半岛落下了帷幕。

教团吞并了两大帝国

穆罕默德离世后，伊斯兰教团为了解决混乱与分裂的局面，从多名教内高层中遴选哈里发（意为代理人、穆罕默德的继承者）执掌教团，并汇总穆罕默德口传的“真神启示”整理成共计114章的《古兰经》，作为信仰与教义的最高准则。之所以采取这些措施，是由于穆罕默德自称为末日审判前最后一个由真神授命的先知。此外，阿拉伯语也通过《古兰经》逐渐成为了“伊斯兰化大空间”（伊斯兰的家）的通行语言。

穆罕默德逝世后，最初的四代哈里发都以麦地那为中心执政，史称正统哈里发时代。这一时期，教团动员游牧部落向外部异教徒开战，并授予其特权，以此巩固教团的凝聚力。游牧部落发动的一系列战争即针对衰弱的拜占庭帝国与萨珊王朝的大规模征服运动。征服运动充分利用了沙漠的特点并采用单峰骆驼与马作战，让因多年战争而日渐式微的拜占庭帝国与萨珊王朝遭受了灭顶之灾。

大征服运动在战略要地建立了供阿拉伯游牧民居住的军事城市米斯尔（Misr），阿拉伯人以向据点四周迁移的形式展开了军事征服。远征过程中，在中心区域设有清真寺与集市的城市开始呈网状分布，伊斯兰帝国的躯壳逐渐成型。

远征所得战利品的五分之一归哈里发所有，余下的部分则在士兵间分配。

沙漠的商业中心大马士革是阿拉伯人最早的远征目标。第二任哈里发奥马尔（公元634—644年在位）占领叙利亚的商都大马士革，并在翌年（公元636年）的耶尔穆克之战中，大败拜占庭帝国5万大军，夺取了整个叙利亚。此外，伊斯兰军还在642年征服了拜占庭帝国的谷仓地带埃及，一路攻至利比亚东部地区。地中海因此分裂成南北两个不同的空间。

西亚的萨珊王朝因为底格里斯河洪水爆发、瘟疫肆虐以及围绕王位的四年内战而处于即将瓦解崩溃的边缘。637年，伊斯兰军在现今巴格达郊区的位置以压倒性优势战胜萨珊王朝的大军，攻克伊拉克南部。642年，逃亡伊朗高原的萨珊国王试图以尼哈万德战役反击，结果却惨败，萨珊王朝就此灭亡。

阿拉伯的大规模征服运动不仅统一了欧亚大陆西部的辽阔空间，还通过阿拉伯人居住的军事城市网络创建了连通各区域的沙漠—草原型新体系（欧亚帝国），完成了“空间革命”。在大规模的征服运动中，约有130万阿拉伯人以支配者的身份，从阿拉伯半岛迁居至农耕地带。

向阿尔卑斯山脉以北转移的基督教世界

再让我们把视线转向地中海北部，作为大空间革命发生区的周边区域，也出现了许多变化。

因伊斯兰势力入侵地中海而遭受打击的基督教教徒把中心转移至阿尔卑斯山脉以北的湿润森林地带，在此重建了基督教世界，失去地中海势力根基的罗马教会选择与日耳曼人的法兰克王国建立合作关系。总之，古地中海区域被伊斯兰的大规模征服运动瓦解，形成了教皇与皇帝分享统治权的西欧世界。

当时的西欧属于农业地区，农田分散于原始森林之间，因为气候寒冷，土地的生产力十分低下。罗马人也因此称当地原住民凯尔特人为“森林人”。凯尔特民族从公元4世纪起开始大迁移，日耳曼人也追随凯尔特人的脚步在西欧各地建立了国家，其中法兰克王国的实力最为强大。

从7世纪下半叶到8世纪，穆斯林占领了地中海的各个主要岛屿，如西西里岛、撒丁岛、科西嘉岛、巴利阿里群岛等，迫使基督教教徒把教会中心转移到了阿尔卑斯山脉以北的寒冷地带。公元800年，罗马教皇利奥三世（公元795—816年在位）为了从处于优势地位的君斯坦丁堡教会独立，将法兰克王国查理大帝（公元768—814年在位）加冕为“西罗马帝国皇帝”，构建了以教皇与皇帝为支柱的新体系，日耳曼人的罗马帝国由此诞生。

比利时历史学家亨利·皮雷纳（1862—1935年）以“没有穆罕默德就没有查理曼（查理大帝）”的观点论述了大规模征服运动与西欧社会形成的关系。法兰克王国因公元843年的《凡尔登条约》、公元870年的《墨尔森条约》分裂成了现在的法国、德国与意大利。这之后，东法兰克的奥托一世（公元936—973年在位）于公元962年由教皇加冕，出任神圣罗马帝国的皇帝。神圣罗马帝国一直延续到1806年被拿破仑灭亡为止。

第三节 形成欧亚规模的商业圈

教团无法攻克落后制度

大规模征服运动造成的部落等级差别及阿拉伯人与被征服民族的天然矛盾让穆罕默德主张的“真主安拉面前人人平等”受到了动摇，两大教派逊尼派（目前占所有穆斯林人数的九成）与什叶派之间的宗教冲突导致伊斯兰教团走向分裂。

第三任哈里发把特权授予了显赫部落，在他遭到暗杀后，穆罕默德的侄子兼女婿阿里（公元656—661年在位）继任了哈里发一位。第四任哈里发阿里执政期间，以穆罕默德遗孀阿伊莎为领袖的富庶部落再次挑起内乱。阿里镇压叛乱后，又迎来了与叙利亚总督所属的伍麦叶家族间的斗争。战争中，阿里被刺杀，哈里发的地位落入了属于胜利方的逊尼派（认为历代哈里发都是正统继承者的多数派）中的权威者——伍麦叶家族手中。保住显赫地位的伍麦叶家族，建立了定都叙利亚大马士革的世袭制伍麦叶王朝（公元661—750年）。另一方面，阿里的拥护者什叶派认定阿里为伊玛目（意为最高领拜人），拒绝承认伍麦叶王朝哈里发地位的合法性，坚持应由阿里后代来继任哈里发。

伍麦叶王朝利用改宗伊斯兰教的非阿拉伯裔穆斯林（阿拉伯人称他们为“麦瓦利（Mawali）”）重启大规模征服运动。王朝的疆域向东扩展至印度西北部，向西扩展至非洲北海岸的伊比利亚半岛，统治范围变得更为庞大。王朝在各地任命总督管辖，每个城市都建有清真寺、政府机构与集市。

在伍麦叶王朝，作为征服者的阿拉伯士兵能领取年金，而身为被征服地区的居民，即使改宗伊斯兰教也必须上缴占据收成一半的土地贡税（海拉吉，Kharaj)。另外，王朝还委任每块土地上的有权者以村落为单位，向不信仰伊斯兰教的异教徒征收人头税（吉兹亚，Jizyah）。

阿拉伯人和非阿拉伯裔穆斯林间的不平等赋税以及阿拉伯人部落间的等级差距制造了越来越多的民怨，内乱频频爆发。

征服与奢侈腐化的关系

这里让我们稍稍换一个话题。历史学家伊本·赫勒敦（1332年—1406年）在1380年完成的《历史学导论》中，叙述了阿拉伯人随着统治空间的扩张而逐渐奢侈腐化的过程。

结合伊斯兰研究学者森本公诚的译文可以发现，在大规模征服运动时代，阿拉伯人统治了波斯人与拜占庭人，把他们的妻儿当成奴仆使唤。但在这一时期，阿拉伯人还未进入城市文明，行为举止都较为粗野。据说他们“看到枕头的时候，还以为是一包抹布”，甚至闹出了“把在波斯王仓库里找到的樟脑丸当成食盐，夹在面包里吃了”的种种笑话。

但是，阿拉伯人通过奴役旧王朝的臣民接触到了各种技术，当他们掌握这些技术后，“在食物、饮品、服饰、建筑、武器、寝具、家庭用品、乐器等一切日用品与家具上都步入了城市文明阶段，人们讲究起奢华与品位，在节日、宴会、结婚仪式等各种场合极尽豪华之能事”。于是，淳朴的游牧民族过上了奢侈的生活。

伊本·赫勒敦又解释说：“只要王朝变得足够强大，城市文明也会相应得到发展。这是因为城市文明诞生于奢侈，奢侈诞生于富足与繁荣，而富足与繁荣则诞生于王权。同时，城市文明的水平也与各个王朝所征服疆域的广阔程度息息相关。”以征服的形式实现“空间革命”后，征服者沿袭旧王朝的习俗，逐渐变得奢侈化，而统治的空间越广阔，奢侈程度也越高。所以，对奢侈欲望的追求是促使人们不断扩张统治空间的原动力。

阿拔斯王朝与商人的空间革命

在什叶派引发的动乱愈演愈烈的背景下，主张应由穆罕默德的叔父的后裔——阿拔斯家族继承伊玛目的势力在伊朗高原发起暴动。他们推翻了伍麦叶王朝，创立了阿拔斯王朝（公元750—1258年）。

阿拔斯王朝对什叶派的镇压取得了权威部落的支持，其政治中心转移至东部的伊拉克地区，与被征服的波斯人权威部落达成了协作关系。

在阿拔斯王朝的统治下，伊斯兰帝国开始平等对待所有穆斯林（阿拔斯革命），促进了阿拉伯人与昔日统治民族波斯人间的合作。具体有以下五大特点：

① 加强了哈里发作为伊斯兰教团领袖的权威；

② 法学家乌里玛制定的伊斯兰法是审判的基础；

③ 建立了税务、军事、文书等政府机构，把阿拉伯语定为广大地区内的官方语言。其中在税务方面，王朝于三个地区设立了税务厅，以货币形式征收地租，并以税收为基础制定及执行财务预算；

④ 在广大地区内流通金币、银币、财政票据与私人支票；

⑤ 实行连接中央与地方的驿站制度——中央的邮驿司通过管理四条干线道路与每隔数十公里设立的驿站，获取地方的粮

食价格、政治、税务等信息。

阿拔斯王朝以伊斯兰教为支柱延续了500年，共计有37任君主。不过王朝未能消除部落制度，经常出现政治上的混乱。在王朝开始统治的200年间，阿拔斯家族尚握有稳定的权力，后半段则陷入了各地军权相争的混乱局面。

阿拔斯王朝进入“经济时代”后，商业网络延伸至欧亚各地，商人群体的“空间革命”如火如荼。形成这一状态的前提是王朝把首都从大马士革迁至连通东方与欧亚大空间的巴格达，让陆地上的两大商业圈产生了交集。这两大商业圈，一个是以可承重120公斤的单峰骆驼连通撒哈拉沙漠与叙利亚、伊拉克、伊朗高原等绿洲或城市的传统商业圈，一个是以马为运输工具的商业圈（丝绸之路、草原之道）。另外，在季风吹拂的北印度洋，运用三角帆船的印度洋商业圈也在飞速成长。结果，地中海、波斯湾、红海、阿拉伯海、南海的商业圈相互连通，欧亚大陆的海洋空间露出了身姿。阿拉伯语、伊斯兰教、伊斯兰法、金银币都成为了商人扩张空间的工具。

大型城市巴格达成为欧亚的商业中心

阿拔斯王朝的第二任哈里发曼苏尔（公元754—775年在位）动员十万人、花费四年时间，在底格里斯河西岸建立了新首都巴格达。巴格达被内外三道城墙环绕，是一个直径2.5公里的圆形城寨，曾是王朝进行空间统治的据点城市。

巴格达城寨设有清真寺、哈里发宫殿、大臣官邸、拱廊市场、军队营地等建筑，不过其并非单一的军事型城寨，寨子的四扇城门还延伸出呼罗珊道、巴士拉道、库法道与叙利亚道四条主干道路，分别连通了中亚、西亚、印度洋、阿拉伯半岛、地中海。

城寨建成后，商人与手艺人逐渐聚集了过来。据10世纪的文献记载，“巴格达共有6万间公共浴室，假设每间浴室附近都有5座清真寺的话，那么这座城市就有30万座清真寺”。不久后，巴格达发展成为拥有约150万人口的大型城市。

在此之前，埃及的亚历山大城是连接地中海与红海、阿拉伯海的中心城市，叙利亚的大马士革则是沙漠的商贸中心城市。而随着阿拔斯王朝把首都东迁至巴格达后，这座连通欧亚陆地与海洋的城市发展成为比前两者更庞大、更繁华的商业中心。

世界名著《一千零一夜》歌颂了阿拔斯帝国全盛期的哈里发哈伦·拉希德（公元786—809年在位），书里写道：“从中亚的丘陵直到北欧森林的深处，从马格里布（北非）及安达卢斯（伊比利亚半岛）直到中国、鞑靼（游牧社会）的边境，哈伦·拉希德的名号与荣耀可谓响彻天下，无人不晓。”

三角帆船形成的海洋空间与瓦库瓦库（倭国）传说

在阿拔斯王朝的统治下，阿拉伯海（北印度洋）上从东非至印度的航线被迅速开辟。航线运用了季风的变化规律，从东非沿岸的斯瓦西里地区出发，经由马尔代夫群岛与印度半岛联结。阿拉伯人由此发展出了从波斯湾到印度半岛、孟加拉湾、南海、东海的航线，开拓了阿拔斯王朝与唐朝的海上贸易往来。欧亚南部边缘的海洋在其中起到了连接东西的重要作用。

顺着季风风向，帆船约能保持20公里的时速。假如帆船一次运载50吨重的货物，那么就相当于200头骆驼、300匹马挑着货物过海。

三角帆船让面积约是日本海71.4倍的广阔印度洋演变为“伊斯兰的海洋”，开启了地中海与亚洲及东非大海域互相联动的时代。伊斯兰世界的三角帆船独具一格，有高高的桅杆和巨大的三角帆，船板用椰子壳纤维搓成的绳子捆扎而成，板之间的缝隙里灌入了柏油与纤维。独特的伊斯兰帆船开辟了连接波斯湾与东非、印度、东南亚和中国沿海地区的宏大航线。

与之后的大航海时代萌生新的经济制度——资本主义相比，伊斯兰的大航线连接的是既存的区域商业圈，所以并未形成新兴的经济制度。但是，伊斯兰世界积累的航海技术与地理知识为今后葡萄牙开辟印度洋航线做出了巨大贡献。

在利用三角帆船的各类海上贸易中，唐朝丝绸和陶瓷器的利润率最高。“中国梦”让波斯湾的巴士拉、尸罗夫等港口开通了直航至唐朝番禺（广州）的定期航线，这条线路单程需一年，往返需两年。据说当时波斯湾的尸罗夫港口堆满了中国的陶瓷器。

值得一提的是，《一千零一夜》中“阿拉丁神灯”的故事舞台就设定在中国。故事的大致内容是，生活在中国的阿拉丁从一名来自北非的苦行僧手中得到神灯。他守护着神灯，并借助神灯的力量成为了中国皇帝。可见，曾与欧亚大陆隔绝的中国以海洋为媒介与伊斯兰世界发生了关联。

此外，阿拔斯王朝的官员伊本·寇达倍（Ibn Khordadbeh）从去过大唐的穆斯林商人那里听说了倭国（日本）的存在。他在《道路和王国演义》一书中记录道：“神秘的东方有一个名为瓦库瓦库（根据倭国一词在古汉语中的音译）的地方。那里富藏黄金，当地人驯养的狗和猴子分别拴着金锁，套着黄金项圈，居民们甚至叫卖着用金线编织的衣物。除黄金外，瓦库瓦库有不少上等的黑檀木材。”由于当年日本派出的遣唐使团带了大量产自陆奥的沙金作为随身盘缠，因而在长安引起轰动，导致倭国是“黄金国”的传闻被广为流传。瓦库瓦库的传说也成为了日后蒙古帝国时代Zipangu（古汉语“日本国”的发音）传说的原型。穆斯林商人之所以对瓦库瓦库的黄金表现出浓厚兴趣，是因为经济规模的扩大造成伊斯兰世界的金、银资源严重不足。

稻米、棉花、砂糖、柠檬、青柠、茄子等印度农作物通过伊斯兰构建的商业贸易网络传播至西亚与地中海。如果没有这一过程，土耳其烩饭与西班牙海鲜饭可能将在世界美食的名单上缺席。

第四节 游牧突厥人登上世界舞台

形成中亚统领的大空间

中亚大草原东西纵贯8000公里，连通了欧亚大陆的各个地区，游牧民突厥人把空间革命的中心转移到了这里。

11世纪，欧亚世界史发生了进一步的变化。游牧突厥民族控制了伊斯兰帝国的霸权，世界史的主导区域转移至连接欧亚各空间的中亚地区。

发生这一变化的起因是阿拔斯王朝因什叶派势力抬头和各部落间的矛盾激化所引起的动乱。9世纪，逊尼派与什叶派的宗教冲突愈演愈烈，王朝第8任哈里发穆塔辛（公元833—842年在位）通过粟特商人买入突厥人作为奴隶，并任用7000名突厥族奴隶组成近卫军，命名为马穆鲁克军团。之后，在不到十年时间内，突厥人组成的马穆鲁克军团迅速增至7万人。自然而然地，马穆鲁克出身的突厥人逐渐取得权势，掌握了伊斯兰帝国的主导权。马穆鲁克在阿拉伯语中意为“奴隶”，在这里指的就是奴隶阶层的士兵。

进入10世纪后，由激进的什叶派建立的法蒂玛王朝（公元909—1171年）从利比亚占领了埃及，王朝领袖自称为哈里发。同属什叶派的伊朗系德莱木人则在巴格达创立了白益王朝（公元932—1062年），不过王朝的哈里发只是一个政治傀儡，征税权与军队指挥权实际落入了大埃米尔（军队总司令）的手里。在巴格达，什叶派与逊尼派的矛盾，以及阿拉伯人与德莱木人的民族仇恨日趋严重，连维持基本的治安也相当困难。

在这样的局势下，塞尔柱突厥人崛起于锡尔河下游一个名为毡的城镇，并作为逊尼派的拥护方迅速扩张势力。1055年，塞尔柱人攻破巴格达创建了塞尔柱王朝（1038—1194年），跃升为新的统治者。哈里发赐予开国君主图格鲁特（1038—1063年在位）“苏丹（阿拉伯语中意为‘权力’，指王朝统治者）”的封号，正式确认了他的统治地位，从此苏丹与阿拉伯人共享统治权。在苏丹赋予游牧突厥人征税权的时代，发生了法蒂玛王朝向叙利亚发动侵略、白益王朝爆发内乱等迫在眉睫的危机。

尽管哈里发的权威勉强支撑着阿拔斯王朝，但伊斯兰帝国已易主为突厥人的帝国。中亚的骑马游牧民以强大的军事背景，缔造了统治伊斯兰世界的新趋势。

活跃的马穆鲁克——突厥人

10世纪下半叶以后，地方政权的分立使白益王朝的税收锐减、官僚机构衰退、军事开支增长，政府难以支付士兵报酬。因此，王朝只好实行分封制度“伊克塔（阿拉伯语音译，意为‘分割’，指征税权）”，以此解决士兵的收入来源问题。塞尔柱王朝沿袭了伊克塔制，向士兵分封征税权，同时强化监督机制，防止士兵成为土地领主。伊克塔制度的特点在于它只是一种代替军事开支的征税权，并不具有土地所有权或农民统治权，更不可世袭。

在伊斯兰世界，人们形成了“突厥人等于马穆鲁克”的概念，把他们当作神明为保护伊斯兰教而从异教世界送来维持秩序的奴隶。穆斯林也接纳埃米尔（将军）、苏丹等军人（实际是骑马游牧民的骑兵军团）作为秩序维持者的地位。尽管突厥人起初甘心于这一身份，但在12世纪以后，有权势的突厥人却将伊克塔逐渐转变为世袭制，自己也跃升为封地的统治者。

拜占庭帝国的危机与十字军

突厥人不仅夺取了伊斯兰帝国的统治权，还出兵侵略帝国附近的东地中海、阿富汗与北印度地区。他们从阿富汗频繁入侵北印度，并于13世纪初成功占领德里，以其为首都建立了伊斯兰王朝（奴隶王朝）。突厥人统一北印度的方式被后文会提到的莫卧儿帝国继承了下来。

拜占庭帝国因受到突厥人的攻击而陷入危机，于是急忙向教皇乌尔班二世（1088—1099年在位）求援。1095年，同意支援拜占庭皇帝的乌尔班二世在克勒芒宗教会议上，号召十字军拯救耶路撒冷，由此发动了长达200年的十字军东征。十字军东征是指从1096年至1291年阿卡陷落为止，一系列基督教军团对叙利亚、巴勒斯坦和埃及发动的军事远征行动。

第一次十字军东征利用伊斯兰世界出现的分裂与混乱、塞尔柱王朝和埃及法蒂玛王朝间的矛盾，成功攻占了耶路撒冷。然而当伊斯兰方面团结一致，以圣战的名义发起反击后，响应战争的第二次及后续几次十字军行动皆无功而返。最终，两方达成停战协议，穆斯林允许基督教的朝圣者出入耶路撒冷朝拜。此后，十字军的进攻目标转向了埃及。

十字军行动是对发达文明地区的远征，通过远征把伊斯兰文明移植进欧洲。同时，十字军也增进了东西方的文明交流，使欧洲文明发生了巨大的变化。

西欧空间的改造与大垦荒运动

在11世纪持续至13世纪的中世纪温暖时期，西欧普及了轮式重型犁，开启了“中世纪农业革命”。过去因气候寒冷长期为温饱苦恼的西欧终于脱胎换骨，变为能够独当一面的农业社会。

11世纪，西欧普及了可深度翻耕黏地的重犁（轮式重型犁、日耳曼犁），替代了过去一直使用的木制犁。马与牛作为拖曳重型犁的动力被广泛应用于农耕之中，从而进一步扩大了耕作面积。纬度高、气温低的西欧，运用以马为耕畜的共耕制度，终于从长期的贫困中解脱了出来。

对于11世纪的西欧农业改革可以做如下总结：轮式铁犁（轮式重犁、日耳曼犁）取代过去的犁（无轮木犁）成为了深耕黏地的重要工具；为了拉动重型铁犁，人们改良了牛马的系驾法，把牛马运用于农耕；利用水磨、风磨普及了碾磨谷物制粉的方式；实行每三年休耕一年土地的三圃制；导入共用土地的共耕制度，使分散的村庄聚集在一起等等。之前不过二三倍于播种量的小麦收成翻了一番。可以说西欧在11世纪已经成为普通的农耕社会。

以马为耕畜的方法扩大了耕种面积，欧洲人口也随之迅速增加。人们大举开垦原始森林，解决了农田不足的问题。这种砍伐森林扩大耕地的行动被称为“大垦荒运动”。欧洲的森林多为平地森林，由于当时在林中放养猪的畜牧业十分普及，所以开垦起来还是比较容易的。

公元1000年左右，欧洲的人口只有不到3600万人，而在十字军东征后的公元1300年左右，人口则增至约8000万人。大垦荒运动减少了森林面积，人们花费漫长时间在主教辖区建造石制教堂。13世纪，各地出现了石制哥特式教堂，高高的塔尖、大片昏暗的空间与彩绘玻璃是这一教堂的特点。这些建造于城市的教堂取代了远在森林深处的信仰之地。

第五节 蒙古人创建的超级帝国

伊斯兰与蒙古相连

约公元9世纪，伊斯兰教传播至中亚的西突厥地区，不久后又扩展至新疆地区，伊斯兰商业圈由此对接上蒙古高原。

在穆斯林商人的积极鼓动下，成吉思汗决定派遣使臣与穆斯林商人出使阿努什的斤·加尔察（1077—1097年在位）在阿姆河下游创建的花剌子模王朝（1077—1231年），希望开辟连通中亚东西各地的稳定贸易路线。阿努什的斤·加尔察原是西亚塞尔柱王朝的马穆鲁克，后从王朝独立建国。

然而一行人行至花剌子模王朝位于东方边境的讹答剌时，当地总督见财起意，诬指商队为间谍将他们全部屠杀。之后，成吉思汗再度派出使臣，却也被剃光胡须驱逐出境。大为震怒的成吉思汗因此亲率大军远征，终结了杂糅众多部落的花剌子模王朝。王朝第七任君主阿拉义丁·摩诃末（1200—1220年在位）逃入里海，死在了一个小岛上，自此西亚的大部分土地都被划入蒙古版图。成吉思汗在远征途中攻下中亚、西亚的各个伊斯兰城邦，俘虏了手工艺者等人才。突厥、波斯、阿拉伯人穆斯林被迫迁居至蒙古高原，蒙古人因此建成了连接伊斯兰世界的宽阔通道。

成吉思汗的铁军与空间革命

生活在蒙古高原的游牧民长期被气温低至零下30℃的寒冬、干旱的气候与肆虐的狂风所困扰。他们在天才领袖成吉思汗的带领下，完成了军制改革，联合穆斯林商人横扫欧亚大陆。如果把伊斯兰帝国视为“第一个欧亚帝国”，那么吞并中华帝国的蒙古帝国则是疆域更广于前者的“第二个欧亚帝国”。10万人组成的蒙古骑兵团，最大限度地发挥了马匹的空间形成能力，成功地创建了一个超级帝国。

蒙古人的南下进攻不仅有穆斯林商人的协助，还得到兼备丰富经验、广阔视野和卓越才能的天才领袖成吉思汗的统领。成吉思汗认为军事征服是补给粗放型畜牧的过程，所以毫不留情地掠夺、杀害农耕民。在历史上，领袖的欲望、顺应时代的决断和高超的军事才能往往能颠覆世界。

东北女真族的金国（1115年—1234年）在统治蒙古时期，为削弱蒙古人的力量，煽动了部落间的矛盾。在这一局势下，

1206年，时年40多岁、已过人生黄金时期的铁木真召开忽里台大会（部落族长的议事会），继承了蒙古国大汗位，汗号成吉思汗（1206年—1227年在位），一统蒙古高原。成吉思汗幼年时父亲被毒死，饱经人生与战争的磨炼，是一名拥有丰富实战经验的统治者。蒙古人以“长生天”为最高神，意为“光之神”的成吉思称号即来源于此。

成吉思汗为强化统治权威，把游牧部落重组为九十五个千户。他效仿金国的制度，按照十进制把游牧民划分为十户、百户、千户，并授予心腹部下千户长一职，再由千户长推荐百户长与十户长，这就是强大的中央集权制度——千户制。蒙古国中绝对服从于成吉思汗的10万铁军也正是蒙古人“空间革命”的主力。维系蒙古军队的千户长一般选自成吉思汗的亲卫队怯薛军（恩宠之意），他们经常与大汗进行狩猎等活动。蒙古骑兵在行军时都会带上马群，当所骑之马显出疲态时便会立即换马奔驰，以此保证日行200公里以上。此外，马也被当作是行走的粮仓。

从1170年至1260年，整个蒙古高原都备受寒冷气候的折磨，以千户制统率10万骑兵军团的成吉思汗，强烈地感受到自己肩负着改善蒙古游牧民生活的使命。

留在草原的60万匹马

蒙古帝国军事力量的源泉无疑来自庞大的马群。虽然蒙古人以强悍的骑兵集团作战席卷了欧亚大陆，但由于难以在农耕地带饲养60万匹之多的马群，所以他们并没有像阿拉伯人与突厥人那样舍弃故土，迁居征服之地，而是把军队主力与马群一起留在了蒙古高原。这样一来，帝国对辽阔欧亚大陆的统治也显得有些鞭长莫及。成吉思汗一度想把中国的农田改造为牧场草地后迁徙于此，但这明显是不可能完成的任务。

蒙古帝国通过军事与强大的商贸物流积累了原始财富，但由于主要的军事力量都留在了草原，所以与阿拉伯人、突厥人以迁居的形式组建欧亚帝国不同，蒙古人需要依靠被征服地的既有势力，而这显然动摇了蒙古帝国的治国根本，也正是帝国还没怎么留下统治印记就在短期内灭亡的原因之一。

蒙古帝国的基本特点在成吉思汗执政时期业已成型。成吉思汗为了向利用草原之路与丝绸之路的商人征税，出兵重创了西亚突厥族花剌子模王朝，并征服了西夏王国（1038年—1227年），成功夺得了大草原（草原之路）与丝绸之路。

在把中华帝国北部至波斯湾的辽阔疆域纳入蒙古势力，为建立欧亚帝国打下基础后，成吉思汗的人生也走到了终点。他把征服伊斯兰帝国、俄罗斯、中华帝国，将蒙古扩张为超级帝国的任务托付给了继任者。

游牧民族渐进式地吞并了中华帝国

蒙古帝国之所以能发展为前无古人、后无来者的超级帝国，是因为蒙古人在打败突厥人统一中西亚后，又征服了中华帝国，这也是从西亚逐步拓展至中亚的“空间革命”一下子扩大为欧亚规模的主要因素。

有观点认为蒙古帝国的成立可等同于欧亚大陆的一体化（“世界史”的开端）。但在我看来，欧亚大陆的一体化应该是一个一系列的过程，它起始于阿拉伯人展开大规模征服运动统一罗马帝国与波斯帝国，然后由突厥人将这一中心转移至中亚，最后蒙古帝国再把突厥化的伊斯兰世界与中华帝国合二为一。

接下来，我将对中华帝国逐渐衰弱的原因做一个简单梳理。

北宋（公元960—1127年）继承了唐朝中期以后对江南的大力开发，正处于经济成长期，稻米地区的比重不断增长。北宋初期，耐旱高产的占城米从越南南部移植到江南，因此，公元1000年左右还不足6000万的中华帝国人口，到了1100年增至1亿人，1200年则增至1.15亿人。

由于稻米经济的发展，北宋改变了秦至唐以来一直在西部内陆设立首都的偏好，将位于京杭大运河与黄河交汇的开封市定为首都，远离了与游牧民族接壤的地区。

运河城市开封，以运河连通各城市与河流，是城市与农村的交界点。开封城对外的交通要道上出现了草市镇等乡村小镇，形成了网状结构的商品经济。经济规模的飞速扩大导致北宋铜钱短缺，于是世界第一张纸币——交子应运而生。

从政治角度来说，唐朝末期以后，世袭贵族逐渐没落，军阀（节度使）在各地拥兵自立。节度使出身的赵匡胤（宋太祖，公元960—976年在位）登上帝位，建朝北宋后，为了削弱跋扈的节度使实权而将军队设为禁军，并把禁军中枢力量集中于首都。于是十多万禁军尽驻开封府，城市人口中每十人即有一人是军人，再算上驻军家属的话，差不多达到半数开封人口都与军人相关的程度。北宋的边疆守备因以国内治安为优先的防御政策而显得相对薄弱。

这种部署显然与骑马游牧民族势力逼人的时代背道而驰。在历史上，因重内政而深陷危机的事例时有发生。契丹人建立的辽国（公元916—1125年）在五代十国时期已经夺取了河北及大同附近位于万里长城以南的“燕云十六州”，而到了公元1004年，北宋又与辽签订停战协议，每年向辽交纳绢20万匹、银10万两。

北宋第二任皇帝宋太宗（公元976—997年在位）为应对世袭制贵族的没落，确保朝廷的人才输入，建立了三年一次的三级科举考试制度。宋太宗推行“崇文抑武”的国策，削弱军事部门的权力，将管理大权委任于科举选拔的文官。科举的最后一关叫殿试，由皇帝担任考官，这样的选拔人才的方式把高级官员变成了名副其实的“天子门生”。垄断了权力的官僚阶层（士大夫）逐渐把政治私有化，贿赂成了家常便饭。

第六任皇帝宋神宗（1067年—1085年在位）为了改善因庞大的军事和行政支出而濒临破产的国家财政，提拔王安石（1021年—1086年）担任宰相。王安石试图通过发放低息贷款救济小农的青苗法以及保护中小商贩利益的市易法扭转积贫积弱的局势，然而这样的变法却遭到了竭力维护个人特权的保守派（旧党）的竭力反对，新法以失败告终。结果，不论是军事还是内政层面，北宋政府运作机制的危机都变得越来越严重。

南宋向金称臣

1125年，北宋联合从辽朝独立的女真族金国共同消灭了辽。不过金国却乘胜攻占了北宋之都（靖康之耻，1126年—1127年），俘虏了北宋的皇帝及皇族贵戚、朝臣等共三千余人北上，北宋就此灭亡。

金国占领了包括开封在内的淮河以北地区。北宋末代皇帝的弟弟宋高宗（1127年—1162年）逃亡至江南稻米地带，建立了南宋（1127年—1279年）。1142年，宋金签订和议，南宋向金称臣。中华帝国与北方游牧民族的关系自此开始逆转，东亚农耕世界完全被游牧世界征服。在金国占领淮河以北的辽阔土地后，超过10万难民仓皇南下，迁居江南。

南宋是对外贸易的黄金时期，不仅建造了大型远洋帆船，还将通商海域扩大至东南亚与印度周边地区。南宋商人坐船出入南印度，连通了伊斯兰商业圈。陶瓷取代丝绸成为中华帝国的主要商品，与铜币一起出口海外。铜币甚至变成了东亚至东南亚的流通货币，南宋繁荣的对外贸易占据了财政收入的20%，贡献重大。

连在一起的欧亚草原与海洋

超级帝国蒙古统一中华帝国、伊斯兰世界、俄罗斯后，中亚大草原成为了蒙古的主干道路。

成吉思汗及其族人根据地理特点将辽阔的欧亚大陆划分为几大区域管理，分别创建了元朝（中国）、伊利汗国（伊斯兰世界）、窝阔台汗国（中亚东部）、察合台汗国（中亚西部）和钦察汗国（俄罗斯），并建立了欧亚大陆的统治体制。下面我将简要介绍蒙古帝国的形成过程。

第二任大汗窝阔台汗（1229—1241年在位）在执政时期确立了蒙古帝国最初的雏形。他在蒙古高原筑造了蒙古首都哈喇，下令帝国全境遍建驿站，加强蒙古本土与占领地之间的联系。窝阔台汗遣拔都（1207年—1255年）率军出征南俄罗斯。拔都征服基辅公国（9世纪—13世纪）后，又入侵波兰，并在列格尼卡战役（1241年）中攻破德国、波兰等多国联军。

在远征欧洲途中得知窝阔台汗死讯的拔都撤军至伏尔加河下游，建立了以突厥系钦察族为核心的钦察汗国（1243—1502年）。虽然钦察汗国隶属蒙古帝国，但大部分统治阶层都是突厥人。

另外，窝阔台汗在1234年攻灭了曾盘踞于中华世界北部大半部分的金国。他把辽阔的占领地划分为华北、中亚和伊朗，并设立总督府，还通过包税制将课税承包给穆斯林商人征收。

在第四任大汗蒙哥汗（1251—1259年在位）的统治时期，旭烈兀（1218—1265年）率10万蒙古骑兵围攻巴格达。拒绝投降的哈里发和他的三个孩子被蒙古人装入皮口袋里用马活活踏死。巴格达城也被血洗一空，阿拔斯王朝就此灭亡。据阿拉伯历史学家记载，直至巴格达沦陷为止，该城的80万居民被屠杀殆尽。旭烈兀本人也在给法国路易九世（1226年—1270年在位）的书信中提到自己杀害了20万人。之后，旭烈兀创建了伊利汗国（1258年—1353年），把“伊斯兰治世”时代改旗易帜为“蒙古治世（Pax Mongolica）”时代。

第五任大汗忽必烈汗（1260年—1294年在位）创建具有中华风格的元朝（1271年—1368年）后，于1279年终结了苟延残喘的南宋，把中华世界全部纳入了蒙古帝国的版图。

忽必烈从蒙古高原来到中国的入口，历时25年建立了大都（突厥语称为汗八里，意为大汗之居处，即现在的北京）。大都通过“草原之路”与驿站制度连通了伊尔汗国的首都大不里士。

另外，从位于波斯湾口的霍尔木兹海峡到穆斯林海商控制的福建泉州的这条“海路”，也经由东海、黄海、渤海、白河（流经天津的河）以及水闸式运河通惠河直通大都。连接陆地与海洋贸易的大都是“蒙古治世”时代的商贸中心。马可·波罗（1254年—1324年）在《东方见闻录》中是这样描绘大都的：“外国富商的奇珍异宝，世界各地的丰富商品都集中于此，寻遍全世界也找不到可与其比肩的城市。”

元朝在色目人（主要是穆斯林商人）的协助下，运用蒙古人第一优先的等级政策与重商主义统治汉人（金国统治地区的居民）和南人（南宋统治地区的居民）。蒙古人对农耕文明毫无兴趣，对农民的管理也比较松散。此外，元朝儒学的地位也十分低下，一直以来在中华世界备受尊崇的儒家官员被彻底剥夺了特权。

由马构筑的蒙古空间骤然坍塌

在元朝，蒙古人与穆斯林商人不怎么重视对农作物纳税，而是注重在商品的流通过程中征税。

位于中华世界的元朝，每年财政收入的八成都是以银锭征收的盐引（运销食盐的高价凭证），“三十而取一”的商税大致占收入的一成。大汗把征收的银锭分配给欧亚大陆各地的蒙古王族，王族又把这些银锭投资于伊斯兰斡脱（突厥语ortaq，意为合伙）商人。这笔资金就在欧亚大商业圈内进行流通。另外，农民每年缴纳的年贡则成为了元朝腐败地方政府的财政来源。元朝疏于对农民的管理，最终因农民发起的红巾起义（1351年—1366年）而迅速灭亡。

蒙古帝国随着欧亚商贸的发展，部落间的贫富差距越来越大，因地处草原而经济落后的三大汗国（窝阔台汗国、察合台汗国、钦察汗国）在海都（？—1301年）的率领下联合举兵反抗忽必烈。这一持续35年的谋反行动称为海都之乱（1266—1301年）。部落冲突和蒙古人的腐败奢侈、汗位之争等矛盾的相互交织，是致使超级帝国从内部瓦解的主要因素。

蒙古帝国横扫欧亚的铁蹄给各地造成了巨大冲击，但蒙古人却始终没能形成自己的统治体系，他们在西亚依靠伊斯兰帝国的体系，在东亚依靠中华帝国，在俄罗斯则依靠突厥系的钦察族。

商贸方面，蒙古人与穆斯林商人利用帝国的交通网络连通伊斯兰商业圈与中华商业圈，以结合“草原之路”与“海洋之路”的史无前例的大型商业圈（欧亚环形网络）实现了欧亚一体化，毫无疑问这是对空间的大统合。在蒙古帝国缔造的海陆大空间中，可以见到波斯商人、阿拉伯商人、犹太商人、印度古吉拉特商人和中国商人活跃的身影。

不过，蒙古帝国作为联合不同政权的分制化帝国，需要依赖各地传统，因此无法孕育出新的经济制度。穆斯林商人和中国商人也未能动摇自给自足的自然经济与帝国的统治结构。

大西洋世界的资本主义制度耗费400多年才得以形成，但蒙古帝国的统治只持续了100多年。在拥有厚重历史的欧亚大空间中，想要建立新的制度取代以自给自足的农业及游牧为基础的帝国，显然需要大量时间和容许犯错的成本，但蒙古帝国却早早灭亡了。尽管如此，蒙古帝国还是在包括沙漠、草原在内的欧亚大空间中实行了驿站制度，把主干道路与各地的道路网相连接，具备了进入大航海时代的条件。

火枪和大炮让马力时代落下帷幕

有些讽刺的是，终结漫长的“马力时代”的是由于欧亚大空间的统合而促进的东西方文明交流。

从中华世界传入欧洲的火药在军事层面引发了大震荡。欧洲对使用火药的火枪与大炮进行改良，发动了军事革命，将军事中心由弓箭移至火器。火枪与大炮是发挥“火药”爆发力的武器，而火药本身则是中国在炼制长生不老药时偶然调出的配方。最早在宋朝就出现了混合硝石、硫黄、木炭而制成的黑色火药。据留存的历史记录显示，约公元1000年，一个名叫唐福的人向宋朝第三代皇帝宋真宗（公元997—1022年在位）进献了他发明的“火球”与“火枪”。

最早的一种火药武器火矢是往竹筒填入火药，绑在弓箭上发射的武器。一开始，火药武器的威力比较有限。1161年的采石之战中，南宋军队使用“霹雳炮”（纸制容器里填入火药，点燃后以投石机向外投掷）攻破了金国军队。而金国也在1232年，利用在铁制容器中填满火药的“震天雷”，大胜蒙古军队。这些简易的管型火器都是日后欧洲先进大炮的雏形。

道教的炼丹书记载道：“硝石乃火药之阴君，硫黄、木炭则为阳侯。”正如这句话所说的一样，在混合硝石、硫黄、木炭的黑色火药中，硝石（硝酸钾）是最主要的原料。它是人们在炼制长生不老药时，经过一次次的错误后被偶然发现的。

爆炸是可燃物在有限空间内急速燃烧引起的。当以一定比例的硝石与硫黄、木炭混合时，就可能造成爆炸。举例来说，如果硝石的比例占到四分之三，那么火药急速燃烧后就会形成比原来大300倍的气体体积，从而引发爆炸。

在爆炸中起到决定性作用的原料硝石可从沙漠等干旱地带的岩石和土壤表面获取。硝石在波斯语中被称为“中国盐”，在阿拉伯语中被称为“中国雪”，从这些名称中足以发现其最早的发源地就在中国。

但关于火药配方究竟是什么时间传入欧洲的可谓众说纷纭。有研究认为是13世纪中叶，也有观点提出是成吉思汗之孙拔都率军远征俄罗斯途中，经过匈牙利攻打波兰时传入的，还有学说主张是十字军东征时期从伊斯兰世界传入欧洲的。

英国的罗杰·培根（1214年—1294年）是欧洲制造火药的第一人。14世纪，德国最先建造了火药工厂。

大炮迅速在欧洲推广普及，改变了欧洲中世纪以重装骑士为核心的作战方式，曾经风光了几个世纪的骑士阶层开始走向没落。14世纪初，欧洲造出了简易大炮，或是用薄铁板制成圆筒形，或是把熟铁箍成桶的样子，然后以铁架固定，再往里面装入石头等作为炮弹。这种简易的大炮耐用性极差，发射炮弹时炮身常常损毁，一开始几乎没什么作用。它的命中率也非常低，最多只起到吓唬吓唬敌人的作用。

到了15世纪，人们开始用青铜和黄铜打造大炮，提高了炮身的耐用度，炮弹也换成了三倍于石头威力的铸铁弹。

不久后，人们发明了可调节大炮射角的“炮耳”，为了便于移动还装上了车轮，让大炮适用于野战环境。百年战争（1339年—1453年）时期，大炮已被用于攻城，不过其杀伤力还是不够。

15世纪前期的铸铁弹到了后期，被改造成会自行爆炸的破裂弹。法国国王查理八世（1483年—1498年在位）统治时期，组建了以炮车移动大炮的炮兵队，大炮终于在战争中正式变成了主角。

不久后，把大炮小型化的火枪出现了。不过，14世纪初的火枪只是照大炮原样缩小的手持加农炮（加农炮是可直线发射小型弹丸的火炮），几乎毫无威力。而到了15世纪，利用火药爆发力的远程射击技术迅速得到开发。

15世纪中叶，德国发明了火绳枪，火绳枪的枪身上夹有燃烧的火绳，绳子的材料是麻绳或布条，事先会放在硝酸钾溶液中浸泡然后晾干。只要扣动火绳枪的扳机，绳子上的火星就落入盛有火药的引药锅，点着枪膛内的火药，把弹丸发射出去。

火绳枪的设计结合了火器与欧洲弓弩上的发射装置。其中，火器是在蒙古人统治俄罗斯时传入的。紧接着人们又发明了用打火石与回转齿轮组装的点火装置，可以实现单手操作，火绳枪的实用性进一步增强，在实战中发挥出了更大的威力。枪也逐步成为了形成空间的新兴力量。

第四章
欧亚帝国崩塌与“小世界”重组

第一节 欧亚商业圈解体

被切分的中华空间

14世纪中叶以后，蒙古帝国因蒙古统治阶级的奢侈腐化、部落间的矛盾冲突而迅速分裂瓦解。欧亚大空间重组为中华帝国、分裂的伊斯兰商业圈、向大西洋扩张的欧洲以及位于森林地带的俄罗斯帝国。在新崛起的大型帝国中，奥斯曼帝国、大清帝国和俄罗斯帝国一直延续至20世纪才走向最终的灭亡。

1353年，伊尔汗国瓦解，1368年，元朝灭亡，“蒙古治世”时代顷刻间分崩离析。尽管蒙古人企图重建蒙古帝国，但是复兴的传统中华秩序依然令大欧亚空间逐渐走向解体。

发迹于红巾起义的朱元璋（洪武帝，1368年—1398年在位）创立了明朝（1368年—1644年），明朝积极推动中华回归帝国之位，在陆地与海洋世界重建朝贡体系，同时实施闭关锁国的海禁政策，禁止民间私自出海通商，由此中华世界脱离了欧亚商贸圈，构筑起独特的政治制度，这对欧亚空间的解体起到了决定性作用。明朝的勘合贸易[1]将其特有的空间进一步系统化。

欧亚帝国的重建因核心人物衰老而夭折

另一方面，伊斯兰世界则计划重建欧亚帝国。突厥人帖木儿（1336年—1405年）成为了复兴蒙古帝国的核心人物。帖木儿与西突厥的穆斯林商人联合，向西亚扩张势力范围。他重建了被成吉思汗攻陷的撒马尔罕，并以此为首都创建了帖木儿帝国（1370年—1507年）。

帖木儿把察合台的后裔扶上大汗之位，自己则以大汗家族驸马的身份担任埃米尔。他利用蒙古帝国的威势统一了中亚和伊朗，并入侵小亚细亚半岛、叙利亚、印度北部，以松散的结构统合了部落与区域集团。不过帖木儿并没有像成吉思汗一样巩固集权体系，而是沿袭游牧社会的传统，依靠个人魅力与威望建立帝国，并把重要议事都交由族长会议决定。

帖木儿在1402年的安卡拉战役中攻破新兴的奥斯曼帝国（1299—1922年），统一了伊斯兰世界，然后又于1405年，率领20万大军出征明朝。但在此时，年事已高的帖木儿已经连马

---

[1] 译者注：勘合指明朝与别国通商时，证实其是否为正式使节船而发行的符书。

都骑不了了，他还未走出自己国家的领地，就在位于锡尔河中游的讹答剌因病暴毙。统一欧亚的梦想随着他的离世而破灭。巧合的是，帖木儿病殁的城市正是当年成吉思汗决定远征的诱因。可以说，帖木儿是败给了衰老。

失去强大领袖的帖木儿帝国迅速分裂，只好对奥斯曼帝国与明朝采取友好政策。1507年，帝国被突厥系游牧民族乌兹别克人所灭。顺带一提，乌兹别克的族名源自钦察汗国穆斯林领袖月即别汗（Oz Beg，？—1340年）的名字。钦察汗国由成吉思汗之孙拔都所创，是现在乌兹别克斯坦共和国的前身。

第二节 伊斯兰空间的多样化

突厥人帝国吞并印度

帖木儿的野心破灭后，伊斯兰世界被一分为三，分别是由突厥人统治阿拉伯人的奥斯曼帝国、波斯人的萨法维王朝和突厥人统治的莫卧儿帝国。

帖木儿帝国亡于乌兹别克人后，帖木儿一族的巴布尔（1483年—1530年）逃往阿富汗，自阿富汗南下入侵边防薄弱的北印度，并于1526年建立了定都德里的莫卧儿帝国（1526年—1858年）。巴布尔运用先进的火器攻破了人数比他多10倍的印度军队，成功创建了横跨阿富汗与北印度的新王朝。莫卧儿一词是方言中“蒙古”的转音，寓意帖木儿复兴蒙古帝国的野心在印度得以实现。但由于印度原本一直是多神主义印度教的天下，所以信奉唯一真神的穆斯林很难因地制宜地展开统治措施。

而让莫卧儿帝国真正扎根于印度社会的则是13岁即位的

第三任莫卧儿君主——阿克巴（1556—1605在位）。他迎娶印度教的女性为皇后，取消对印度教徒征收的吉兹亚（伊斯兰国家对非穆斯林征收的人头税），采取一系列方法协调穆斯林与印度教徒的关系。阿克巴把两方信徒的统治地区作为郡县组入帝国体系，以曼萨布达尔制（军事官僚制度）整改帝国管理体制。他赋予征服者突厥人与曼萨布达尔制相对应的课税权，同时也要求他们履行相应的军事义务。莫卧儿帝国是典型的军事王朝，突厥人占有统治地位，且官方语言是波斯语。在欧亚大陆走向分裂的大背景下，突厥人把印度纳入了统治空间。

从阿克巴至其子孙统治的大约一百年间，莫卧儿帝国一直处于平稳的状态。而第六任君主奥朗则布（1658—1707年）为了统治全印度，对德干高原以南地区发动了战争。由于战争需要筹措大量军费，他恢复了吉兹亚，放弃了阿克巴时代的宗教宽容政策，转而实行严格的伊斯兰化政策。苛刻的税赋与对非穆斯林的差别对待令各地印度教徒怨声载道，纷纷叛离。在这一时期，计划建立印度教国家的马拉塔联盟等势力也频频挑起内战，印度顷刻间如同战国时代般硝烟弥漫。

在这样的局势下，入侵印度的英国东印度公司利用印度人雇佣兵组成西式军队，扩大势力范围，进入18世纪下半叶后，英国逐渐地把印度变为了自己的殖民地。

商贸活动促进了东南亚的伊斯兰化

蒙古帝国（元军）远征爪哇岛、攻破新柯沙里国（1222年—1292年）后，印度教国家满者伯夷王国在爪哇岛东部崛起（1293年—约1520年），消灭了长期盘踞于马六甲海峡的室利佛逝（7世纪—14世纪，又称三佛齐王国），东南亚的海域发生了巨变。

被蒙古人驱逐出云南地区的泰国人南下迁居至中南半岛，先后创建了素可泰王朝（1257年—14世纪）和大城王朝（1351年—1767年）。泰国人攻破高棉人的吴哥王朝（约公元802年—1432年），把从事各种职业的十万多高棉人带入大城府，继承了柬埔寨文明。作为贸易国家，大城王朝把商业圈从泰国湾扩展至中国南海。

14世纪末，一名迁移至马六甲海峡最狭窄地区的室利佛逝贵族，建立了马六甲苏丹王朝（约14世纪末—1511年）。马六甲王国借郑和下西洋之势进入黄金时期，依仗明朝一举成为东南亚贸易中心。15世纪40年代，郑和结束航海征程后，王朝君主为了增进与穆斯林商人间的联系而改宗伊斯兰教。马六甲苏丹王朝把商贸网络拓展至南中国海、爪哇海等地，同时将马来半岛、印度尼西亚诸岛屿以及菲律宾群岛南部伊斯兰化。穆斯林商人与马六甲苏丹王朝君主联手推进了商业主导的地方性空间革命。

集中于什叶派的伊朗人

在帖木儿帝国的衰弱阶段，号称能以冥想与真主安拉对话的神秘主义教团——萨法维教团侵入伊朗高原。教团的领袖伊斯玛仪一世（1501年—1524年在位）自立为沙赫（波斯语中“王”的意思），率领7000名突厥士兵攻占了过去伊尔汗国的首都大不里士，创建了萨法维王朝（1501年—1736年）。王朝的国教为十二伊玛目派，该教是尊奉穆罕默德·阿里及其十一个直系后裔为伊斯兰教团正统领袖（阿拉伯语中称为伊玛目）的派系。萨法维王朝通过什叶派信仰团结了所有波斯（伊朗）人，以教派之名对抗属于逊尼派的奥斯曼帝国。

自古以来一直在西亚拥有强大势力的波斯人通过什叶派信仰，建立了与突厥人截然不同的世界。萨法维王朝也对伊朗人与什叶派信仰的关系产生了深远影响。

17岁登基的第五任萨法维王朝君主阿巴斯一世（1587年—1629年在位），成功运用军事改革加强了中央集权。他与荷兰、英国合作，为王朝带来了空前的繁荣。阿巴斯一世执政时期，萨法维王朝迁都伊斯法罕，其中心地区是壮观的伊玛姆广场。首都的人口高达70万人，清真寺多达162座，素有“伊斯法罕半天下”之说。

但在阿巴斯一世去世后，奥斯曼帝国夺取了王朝的重点城市伊拉克，18世纪后，萨法维王朝由于库尔德人的入侵、阿富汗人的暴动以及奥斯曼帝国与俄罗斯帝国的介入而日趋衰弱。

1736年，萨法维王朝的摄政王纳迪尔夺得王位，建立了阿夫沙尔王朝（1736年—1796年）。但当纳迪尔遭到暗杀后，阿夫沙尔王朝便渐渐徒有躯壳，陷入了群雄割据的状态。之后，突厥系恺加王朝（1796年—1925年）成立，但不久就因俄罗斯与英国的侵略而丧失了独立性。

奥斯曼帝国吞并拜占庭帝国

蒙古帝国时期，罗姆苏丹国（罗姆意为罗马，指拜占庭帝国统治下的安纳托利亚）统领了小亚细亚的绝大部分地区，在这里，奥斯曼一世（1299—1326年）把不愿屈服于蒙古人、自尊心强烈的突厥人战士（加齐）凝集于自己麾下，建立了奥斯曼帝国。

奥斯曼帝国位于伊斯兰世界与拜占庭帝国之间的边境，因为强大的帖木儿帝国在东方扩张势力，所以奥斯曼帝国选择入侵业已衰退的拜占庭帝国所统治的地中海地区，然后向西扩张，发展为大型帝国。

奥斯曼帝国从东方伊斯兰世界招募乌立马（法学者）担任法官，以伊斯兰教法为基础推进国家建设，推翻了拜占庭帝国，把版图延伸至东地中海，而伊斯兰世界则成为了王朝的人力资源库。

1453年4月，奥斯曼帝国调配了10万大军、350艘战船和70门长达8米、重约17吨、移动时需要100头牛拉动的巨型大炮——乌尔班巨炮。奥斯曼人趁着夜色，让牛拖动70艘战舰翻越山丘，抵达被铁链封锁的金角湾水域，对拜占庭帝国的首都君士坦丁堡发起总攻。奥斯曼大军连续鏖战50多日，终于攻克了君士坦丁堡。奥斯曼大军用先进的火器，轰开了被高大城墙守护、难攻易守的要塞城市，延续千年以上的拜占庭帝国因为帝都的沦陷而迅速灭亡。

此后，奥斯曼帝国把位于亚洲与欧洲、黑海与东地中海交叉口的君士坦丁堡（之后改名为伊斯坦布尔）作为新的都城，并继承了希腊人的东地中海—黑海商业圈。直至现在，伊斯坦布尔的一半人口还是基督教徒与犹太教徒。

1517年，赛利姆一世（1512年—1520年在位）征服了叙利亚、埃及以及阿拉伯半岛的大部分区域，成为伊斯兰世界的新霸主。在奥斯曼帝国的鼎盛时期，苏莱曼一世（1520年—1566年在位）征服了匈牙利、北非的突尼斯与阿尔及利亚，统一了伊拉克、阿拉伯半岛、小亚细亚、巴尔干半岛、非洲北岸。帝国占领的疆域可以认为是过去阿拔斯王朝的领土减去伊朗、西突厥斯坦后，再加上巴尔干半岛和小亚细亚。

奥斯曼帝国把意大利诸城邦隔绝在地中海、黑海之外。失去海上贸易市场的意大利城邦不得不向大西洋寻求新的机会，进而开启了作为世界史分水岭的大航海时代。

苏莱曼一世自称是“三片大陆和两大海洋的统治者”，以此彰显自己的庞大势力。从历史地图上可以发现，奥斯曼帝国统摄五大海洋，分别是地中海、黑海、里海、红海和波斯湾。帝国的政治目标是基于伊斯兰教法形成普遍国家[1]，所以较为松散地统辖了各种既定体系。在奥斯曼帝国，征服者民族突厥人的占比并不大，会说突厥语的穆斯林全都被视为了奥斯曼人。

奥斯曼帝国和其他突厥系国家一样，雇佣外部的马穆鲁克（军事奴隶）维持国家秩序。但是到火枪和大炮时代，以骑马游牧民为主体的马穆鲁克已经没有利用价值了。于是，帝国把目光转向巴尔干半岛的基督教家庭，以特殊的“活人”税种，从基督教家庭募集一些男童，授其伊斯兰教育，把他们培养成官僚和士兵的结合体——耶尼切里军团，用来维系由多个部族组成的帝国的治安。在苏丹的照拂下，耶尼切里成为了精英阶层，虽然他们起初是一支忠诚且训练有素的军队，但之后却渐渐变成了帝国的不稳定因素。

到了19世纪，内忧外患的奥斯曼帝国因以下因素迅速衰弱：埃及在法国的介入下走上了西化的道路并爆发叛乱、俄罗斯南下、希腊独立以后斯拉夫人展开的解放运动、帝国西化失败等等。

[1] 译者注：指以普遍的国家权力保证在籍居民某个最低限度的“法律面前人人平等”。

第三节
回归传统的中国明朝以及最大的中华帝国——清朝

全面恢复朝贡、东山再起的大明帝国

中华世界因明朝的崛起回归了传统的农业帝国。发迹于红巾军（“红”是汉人的象征颜色）的朱元璋建立明朝后，开始执行扫清胡风胡俗（游牧民族的特有文化）的政策，致力于恢复中华传统文化。

贫农出身的朱元璋希望复兴农业帝国，他仿效唐朝的府兵制推行了以农为兵的卫所制度，把六部尚书归于自己的直接管辖之下，并通过大规模的肃反运动，巩固了皇权的独裁体制。在对地方的治理上，朱元璋施行里甲制，让十户富农掌管百户普通农民，从而形成基层行政组织，自上而下地重建了因元末的动荡社会而处于混乱状态的农村。

明朝基于中华思想，建立了由华夏与夷狄构成的世界秩序，要求周边国家派遣敬慕皇帝德行的使节来访，并接纳使节的贡品。明朝还实行了厚往薄来、大行赏赐的朝贡制度，希望再建具有政治和宗教色彩的世界秩序，中华社会也因此从经济时代倒退回了政治时代。

如前文所述，明朝实行海禁全面禁止民间商贩私自对外贸易。于是，从蒙古帝国时期以来一直支撑欧亚经济的中国商人大举撤离欧亚商贸圈，商贸圈的规模因此大幅度缩水。

郑和船队与将朝贡空间世界化的尝试

永乐帝朱棣（1402年—1424年在位）发动靖难之役（1399年—1402年），推翻大明第二任皇帝朱允炆，篡夺了皇位。他把首都从南京（金陵）迁至位于蒙古高原入口的北京，部署了以北京、南京两都为轴的空间统治。朱棣计划以朝贡体制凌驾于蒙古帝国之上，于是任命宦官郑和（1371—1434年）率领200艘舰船、约27000多名船员共计六次（朱棣去世后又去了一次）前往东南亚、印度洋，致力于将朝贡体制推向世界。

皇帝斥巨资派遣舰队远航不仅是为了发展贸易，购入在蒙古商业圈时期流通的香料和药材等货品，也是想沿途招徕各国使臣来华朝贡，进而壮大皇帝的声威。朱棣从世界各地邀请朝贡使臣，以彰显自己的德行遍布世界，借以摆脱当年谋反篡位的污名。他把舰队从东非运回的长颈鹿当作传说中的圣兽“麒麟”，并进行大肆宣扬。神话故事中，麒麟是当天子实现治国理想时才会现身的瑞兽，朱棣的意图在这一举动下可谓一览无遗。

郑和舰队在面向马六甲海峡的马六甲城和苏门答腊岛的巨港修建了仓库，除此以外再未设立任何基地与城寨，航海过程中也理所当然地沿用了过去的航线。明朝的目标是把朝贡制度拓展至海洋世界，因此既没有在海外建立殖民地，也不准备脱胎换骨蜕变为海洋帝国。郑和舰队在东非、西亚、东南亚等地积极邀请使节，令永乐年间的朝贡国数量突破了60个。

东亚的白银浪潮和“倭寇”

到了16世纪，蒙古人势力卷土重来，明朝为日益增长的军事开支而万分苦恼。保存至今的砖石建筑万里长城就是在这个时期重新建造起来的。随着北方军事支出的节节增长，沿海地区的海禁监管逐渐松懈，商贩走私贸易的行动愈加猖獗。

这一时期，一度达到世界三分之一银产量的石见银山的银子大量流入明朝，迅速扩大了生丝、丝绸、陶瓷、药材等走私贸易的规模，这就是东亚掀起的白银浪潮时代。明朝的走私贸易因博多、堺市、葡萄牙等各地商人的加入而日益壮大。然而以海禁为国策的帝国并未察觉到时代的变化，反而对在维系王朝体面方面发挥了实际作用的民间贸易加大了打击力度。1548

年，明朝派兵捣毁了曾是走私贸易中心的舟山列岛双屿港。

1549年，与葡萄牙王室来往密切的耶稣会传教士沙勿略（1506年—1552年）在日本人弥次郎的引导下来到鹿儿岛，他计划在日本传教并建立葡萄牙船队的贸易据点。

明朝政府捣毁了作为走私贸易中心的双屿港后，走私商王直（？—1559年）把据点转移至日本的平户岛，于此处展开了大规模的武装贸易。对王直而言，武力是确保能交换白银的明朝商品的安全的必要手段。而明朝则把这类进行武装贸易的民间商人视为“倭寇”（日本海盗、嘉靖大倭寇）。根据当时的文字记录显示，到了后期70%的倭寇其实都是明朝人。之后，王直以回国可通商互市的条件接受了朝廷的招安，可朝廷却破坏约定杀害了他。

王直被处死后，明朝无法压制白银贸易的大势，不得不让步于贸易商人开放了位于福建漳州的港口，准许民间商贩出海贸易。正好在这一时期，西班牙人黎牙实比（1502年—1572年）殖民统治了菲律宾，开启了连接墨西哥阿卡普尔科与马尼拉的贸易（马尼拉大帆船贸易）。新大陆三分之一的白银都被运往马尼拉，用来和穿越台湾海峡抵达此地的福建商人交易丝绸与陶瓷。新大陆白银的价值是亚洲白银价值的三分之一左右，西班牙人和福建商人因此牟取了大量利润。日本石见的白银再加上新大陆的白银，“东亚白银浪潮时代”正式确立。

1644年，明朝灭亡，清朝崛起。为了维护既得利益，效忠明朝皇族的福建商人郑芝龙（1604年—1661年）掀起反清复明运动。虽然最后郑芝龙向清军投降，但他的儿子郑成功（1624年—1662年，其母是平户人）却攻陷了荷兰人在台湾南部的要塞，建立了商贸政权，其子郑经（1642年—1681年）更是坚持与清朝作战20多年。

在明朝，白银是帝国统治的一部分，政府制定了名为“一条鞭法”的新税法，把税粮折合成白银来缴纳征收。此后，清朝也继承了以银纳税的方法，推行“地丁银”。从这些律法中可以发现，中华帝国经济上的任何变化都会被帝国体系所吸收，所以缺乏像大西洋空间一样孕育出资本主义的契机。

形成史上最大中华空间的清朝

1644年，李自成（1606年—1645年）发动起义致使明朝覆灭后，统一东北、降服朝鲜和内蒙古的女真人趁乱征服中华世界建立了清朝（1644年—1912年）。女真人强制汉人留长后脑勺的一部分头发，垂下结成辫子，意图将中华帝国女真化。另一方面，女真人对汉人统治阶层采取了怀柔政策，在重要官职上都设定两人供职，同时任用满人与汉人。可见，他们从蒙古帝国处处以蒙古人为第一优先的失败统治中吸取了教训。

清朝对汉人的统治经过三位皇帝，历经约130年后逐渐稳定扎根，这三人分别是第四代皇帝康熙（1661年—1722年在位）、第五代皇帝雍正（1722年—1735年在位）和第六代皇帝乾隆（1735年—1795年在位）。在这一时期，清朝致力于通过军事征服，统治中亚东部的游牧地区。清朝顺应蒙古族的信仰，把喇嘛教作为国家宗教之一，以此笼络人心，解除了来自蒙古人的威胁。这之后，清朝开始积极整合中华世界周边区域，中亚东部的游牧民相继表示了归顺之意，清朝与处于森林地带的俄罗斯平分了游牧空间。

清朝征服了西藏、内蒙古、青海、新疆（曾经的西域）等地，发展成为历史上疆域最广阔的中华帝国，所支配的领土占据了欧亚大陆18%的面积。

另外，清朝基于传统的政治理念，与朝鲜王朝、越南、泰国与缅甸建立了宗藩关系。现在的中华人民共和国继承了大部分清朝的统治空间。

第五章
萌芽于大西洋和森林地带的空间革命

第一节 欧洲大西洋沿岸的活力

蒙古帝国时期，从帝国边缘的地中海到波罗的海为止的欧洲西岸海域与欧亚环形网络相连，商业贸易十分繁荣。结合地中海、佛兰德斯地区与波罗的海，大西洋海岸发展出了辽阔的商业空间，欧洲享受到了蒙古帝国大商业圈带来的种种好处。

另外，蒙古帝国的建立加速了东西方文明交流，蒙古人把中国的指南针、火药等技术传入西方。修道士柏朗·嘉宾（约1182年—1252年）、鲁布鲁克（约1220—约1293年）、出生于威尼斯的马可·波罗也传递了蒙古和中国的信息，大航海时代到来的先决条件已准备妥当。

蒙古帝国瓦解后，庞大商业圈的外围地区为寻求经济的独立之道而展开了行动。例如后述的欧洲西海岸各区域彼此增进联系，共同进军大西洋即是为经济独立所做的布局。

卡尔·施密特指出，俄罗斯的猎人与西北欧的捕鲸人在陆地与海洋上打开了无限的空间，从中诞生了巨大的世界。荷兰与英国的捕鲸人把海洋空间从北海拓展至北冰洋，欧亚大森林地带的俄罗斯则在蒙古帝国灭亡后，越过乌拉尔山脉，入侵被称为“动物毛皮宝藏”的西伯利亚。

汉萨同盟与佛兰德斯地区的兴盛

蒙古帝国时期，北欧的维京商业圈重焕生机。波罗的海最大的岛屿哥得兰岛成为了贸易据点，贸易主力是哥得兰人与俄罗斯的诺夫哥罗德商人，而佛兰德斯地区的佛拉芒人也带着毛织品参与了贸易。

在十字军时期的波罗的海南岸，随着德意志骑士团主导的东进运动（12世纪—14世纪）的层层推进，德意志商人的活动也变得越加频繁。德意志骑士团的领土与此后统一德意志的普鲁士存在直接联系。

德意志商人在12世纪中叶，结成“往来哥得兰岛的罗马帝国商人联盟”，与非基督教徒的维京人展开了武装贸易。13世纪，这一同盟逐渐发展为以吕贝克为核心的汉萨同盟（汉萨意为“集团”，13世纪—17世纪）。

汉萨同盟最早的贸易商品是动物毛皮、蜂蜜、蜂蜡、木材等森林地带特产，后来又加上了鲱鱼、鳕鱼、粮食谷物、铁、铜等日常商品。1350年之后，盐腌鲱鱼块等普通食材也陆续出口至欧洲各地，以吕贝克、汉堡为核心的城市同盟不断扩大着商业势力，汉萨同盟的巅峰时期，成员多达200多个，他们以自有的陆军、海军与国王诸侯作战，在北海和波罗的海确立了商业霸权。

14世纪以后，鲱鱼渐渐不再去往波罗的海产卵。于是，地处北海要冲的佛兰德斯地区凭借流网捕捞鲱鱼的渔业，取代波罗的海成为了盐腌鲱鱼的主要产地，之后在此崛起的荷兰成长为连通波罗的海商业圈与地中海商业圈的海运大国。

里斯本与意大利商人的迁移

公元711年以来，征服西哥特王国的穆斯林一直统治着亚平宁半岛，但随着伊斯兰势力的衰退，来自北部的天主教徒开启了名为收复失地运动的战争，12世纪以后，天主教在亚平宁半岛的影响力越来越大。另一方面，失去生活之地的大量穆斯林沦落为难民，逃离至摩洛哥。

位于内陆地区的卡斯蒂利亚王国（11世纪—1479年）是天主教徒与穆斯林之战的核心地区。正如其国名在西班牙语中是城堡、城郭（Reino de Castilla）一样，王国随着战线的变化建立了众多要塞，曾是一个带有宗教性质的军事大国。

卡斯蒂利亚王国的诸城市联盟组建了各种兄弟会，用以维系城市权力与道路治安。1479年，卡斯蒂利亚王国与阿拉贡王国合并成立西班牙王国，于是全境的兄弟会被统一起来，形成了一股强大的势力。一些能给国王提供军用资金的城市还拥有极大的发言权。

葡萄牙王国在1143年脱离卡斯蒂利亚王国的统治成为独立国家。1147年，葡萄牙在第二次十字军东征的帮助下，从穆斯林手中夺回了位于特茹河河口的里斯本。

不久后，里斯本以其卓越的地理优势，跃升为大西洋上连通波罗的海、佛兰德斯地区和地中海的核心贸易港口。此外，自从奥斯曼帝国入侵地中海后，失去了东地中海市场的意大利商人也迁移至里斯本，尝试在大西洋力挽狂澜。里斯本因此成长为葡萄牙南部海域的商业据点。在往来的商人中，长期为低利润率苦恼的热那亚商人的活动尤为受人瞩目。理所当然地，里斯本港口孕育了大航海时代的潮流。而商贸中心由地中海转移至大西洋的这一过程即是西欧商业经济领域的商业革命。

意大利各城市的经济发展与文艺复兴

什叶派在埃及创立法蒂玛王朝后，地中海的穆斯林由于突厥人的入侵，纷纷从西西里岛、撒丁岛、科西嘉岛、巴利阿里群岛等地区向后撤离。在这样的形势下，亚平宁半岛的各个城市开始争夺地中海商业的主导权。

最先崛起的是与拜占庭帝国关系密切的意大利南部小城阿

马尔菲，其次是托斯卡纳地区的比萨。阿马尔菲因让指南针真正发挥作用而闻名天下，而比萨则是在1096年第一次十字军东征时，提供最多海船的国家。

1204年，威尼斯利用十字军第四次东征，攻陷君士坦丁堡，建立了名为拉丁帝国（1204年—1261年）的傀儡国家。而此时热那亚则向穷途末路的拜占庭帝国伸出了援手，助其复兴的同时也扩张了自身势力。最终，这两大城市控制了地中海东部的贸易支配权。地中海夏季无风，帆船的设计改进非常缓慢，大型帆船全都引自大西洋。

这一时期正是蒙古帝国统治欧亚大陆的时候，威尼斯人带领着舰队，乘坐依靠人力划桨的单层甲板大帆船，前往亚历山大城进口香料再运至欧洲销售，热那亚人则从建立于黑海北岸的卡法等殖民城市，经由“草原之道”在伊尔汗国、元朝等地区开展商业活动。在这一时期，德国的银被从欧洲运往东方。奥格斯堡因银矿而繁华，城中的富格尔家族作为欧洲首屈一指的商人，拥有能左右罗马帝国皇帝选举的惊人财力。

在意大利各城市中，金融业也伴随商业逐渐兴起。现代社会对银行的称呼——“bank”就体现了这一点。“bank”一词源自意大利语的“banco”（意为长凳、椅子）。因为中世纪的基督教社会禁止金钱借贷，所以早期的金融从业者都坐在街道的长凳上，进行兑换与清账业务。

诞生了两任教皇和两位法国王妃的佛罗伦萨名门望族美第

奇家族，就是这些金融从业者的代表人物。他们不顾世间的非议，以兑换手续费的名义收取了利息，美第奇家族之类的金融巨鳄在背后促进了文艺复兴的发生。同样，文艺复兴也展示了新兴势力的经济实力。13世纪末，热那亚的贸易额已经是法国王室财政收入的三倍，足见商人经济能力之强大。

主导文艺复兴的人文主义（humanism）也和伴随经济增长出现的世俗化社会密切相关。佛罗伦萨的但丁（1265年—1322年）因政变而流亡街头时，用托斯卡纳语写就了《神曲》；古典文学研究学者薄伽丘（1313—1375年）创作的《十日谈》以古典研究为媒介，对世俗社会予以了肯定。另外，文艺复兴时期，希腊天文学家、地理学家托勒密在公元2世纪时以地圆说为基础绘制的《世界地图》也重新流传开来，可见渴求新知识的人文学者所涉及的范围之广。

瑞士籍历史学家布克哈特（1818—1897年），把活跃于这一时期的、具备一切知识与技能的人物统称为“万能人（uomo universale）”。例如掌握了高超机械、军事与土木技术，通晓解剖学、气象学，还留下《蒙娜丽莎》《最后的晚餐》等世界名画的莱奥纳多·达·芬奇（1452—1519年）以及为罗马西斯廷教堂创作《创世纪》《末日审判》等壁画、制作《大卫》雕像的米开朗基罗（1475—1564年），都是布克哈特口中的“万能人”。意大利的文艺复兴起始于1350年左右，约在1500年达到顶峰。

13世纪末的意大利北部与中部，威尼斯人口已达10万，佛罗伦萨、热那亚、米兰的人口突破5万，人口大于2万的城市共计有23个之多。这说明与欧亚商业中心相连的意大利各城市已经迈入了繁荣时期，而罗马却衰退为只有17000人的小城市。

第二节 统一北方大森林地带的俄罗斯帝国

蒙古人统治时期兴盛的毛皮交易

俄罗斯原本把目光聚焦于中亚，是一个向伊斯兰商业圈、蒙古商业圈贩卖高价动物毛皮的毛皮大国。利用注入里海的伏尔加河所进行的毛皮贸易，使俄罗斯与全盛期的伊斯兰商业圈建立了联系。那时，波罗的海的瑞典维京人（罗斯人，意为“划船手”）渡过俄罗斯的多条河流，为伊斯兰商业圈带去了毛皮。从俄罗斯源自“罗斯”的国名也可以看出，这个国家正是因为与伊斯兰商业圈的毛皮贸易才出现在了世界史上。9世纪下半叶，罗斯人首领留里克在毛皮集散地诺夫哥罗德建国，9世纪末，该国成为了基辅罗斯公国。

在蒙古帝国的兴盛时期，来自中亚草原的蒙古军队攻占了基辅罗斯公国，并于1243年定都伏尔加河下游的拔都萨莱城，建立了钦察汗国。所谓钦察，指的是把居住区域从乌克兰扩展至哈萨克草原的游牧民族，钦察汗国实际是突厥人控制的帝国。

基辅城面朝注入黑海的第聂伯河，在12世纪中叶发展成为坐拥400个教堂和8个市场的大国。但之后由于遭到蒙古人、突厥军队的彻底破坏而退化为只有200户人家的小村庄。

钦察汗国的大汗派遣官吏在俄罗斯各地调查户口，并由称为“巴思哈”的官员征收毛皮税。在蒙古商业圈中，俄罗斯的毛皮打开了伊斯兰世界、欧洲与中华世界的市场，西伯利亚的东部地区被开发成为新的毛皮生产地。中亚历史学家松田寿男描写亚洲的毛皮之路为“以乌拉尔山脉为中心，向东向西呈Y字形与欧洲相连”，这一Y字的末梢就是位于波罗的海与地中海的各城市。

钦察汗国免除了东正教会（希腊正教会）的租税，将其利用于国家统治。而东正教实际则成为饱受游牧民族之苦的俄罗斯人的心灵支柱，在民众中间极具影响力，可以说蒙古人的统治塑造了以东正教为中心的俄罗斯文明轮廓。

坐落于伏尔加河发源地——瓦尔代丘陵的莫斯科公国作为臣属于钦察汗国的诸俄罗斯公国之一脱颖而出，成长为统摄俄罗斯河道的核心城市。连接波罗的海与中亚里海、黑海的伏尔加河是俄罗斯的主干河道，积雪融水的缓慢河流以及连接河川的水陆联运路线衔接出了辽阔的空间。

莫斯科大公伊凡三世（1462年—1505年在位）使包括莫斯科公国在内的伏尔加水系区域从连续统治了250年的钦察汗国手

中独立了出来。而在拜占庭帝国灭亡后登基的伊凡四世（又称雷帝，1533年—1584年在位）则把俄罗斯抬高为东正教的中心及拜占庭帝国的继承国，并将自己的身份从莫斯科大公升格为沙皇（来自凯撒的转译音，意为皇帝），成为全俄罗斯的专制君主。

吞并大西伯利亚的毛皮大国俄罗斯

17世纪成立的罗曼诺夫王朝（1613年—1917年），每年财政收入的一半都来自毛皮。王朝为了满足急速增长的毛皮需求，利用突厥族的武装势力哥萨克，仅以60多年时间就征服了西伯利亚。之后，俄罗斯的毛皮狩猎者，追逐着貂等毛皮兽的踪影，连上了通往东亚的陆路。

俄罗斯在征服西伯利亚后，成为了名副其实的毛皮帝国，统治着占欧亚三分之一面积的森林带与森林北方冻土带。土地面积相当于34个日本的西伯利亚沦为俄罗斯的国内殖民地，生活在殖民地上的狩猎民作为俄罗斯沙皇的臣民必须履行缴纳毛皮税的义务。

尽管沙皇忧惧哥萨克造反，但他不仅在17世纪征战西伯利亚时利用了他们，也在18、19世纪征服中亚大草原的伊斯兰势力时把他们作为主要兵力。当毛皮资源在19世纪下半叶枯竭后，位于高纬度森林地带的俄罗斯为寻求土地与资源，转变为用武力侵略南方的强大帝国。

彼得的野心与俄罗斯的欧化

17世纪下半叶，10岁登基的彼得一世（彼得大帝，1682—1725年在位）改变了俄罗斯侵略亚洲的计划，仿效荷兰与英国，制定了西方化与进军海洋世界的政策。

彼得大帝在北方战争（1700—1721年）中攻破瑞典，夺得了波罗的海的霸权，于涅瓦河河口建立了圣彼得堡。接着他把首都从莫斯科迁至圣彼得堡，从此跻身西欧世界。此外，彼得大帝还建立了一支正规的海军——波罗的海舰队。

但是，从波罗的海绕过好望角进入亚洲的航海路程实在过于艰险，因此彼得大帝希望能打通从欧洲经由北极海域抵达亚洲的东北航道，过去荷兰与英国曾尝试过开辟。当时的人们认为海水不会冰封，所以觉得开发北极航线是可行的。

彼得大帝的构想是从相当于北极海域亚洲出海口的西伯利亚通往亚洲，为此还留下了探索亚洲海域的遗言。在这一背景下，因白令海峡、白令海而闻名的丹麦人白令（1681年—1741年）完成了两次航海探险。

18世纪下半叶，叶卡捷琳娜二世（1762年—1796年）串通近卫兵暗杀丈夫，成为了女皇。俄罗斯在她接手后跻身于强国之列，她派俄军入侵黑海、地中海，对奥斯曼帝国造成了巨大的威胁。对于地处寒冷地带的俄罗斯而言，为了生存，唯有马不停蹄地扩张统治空间。

第六章
成为分水岭的大航海时代

第一节 大西洋成为新的世界史引擎

第四次空间革命与展现身姿的大洋空间

继马之后，小到可以放入网球场的帆船和勇往直前的水手成为了“空间革命”的主要推动力。始于15世纪的大航海时代，把世界史的舞台从欧亚空间扩展至占七成地表面积的大洋，连接三大洋、五大洲的崭新时代（“第四次空间革命”）由此拉开帷幕。大航海时代孕育的海洋物流，远远凌驾于以欧亚干旱地带为中心的陆地物流，令世界格局发生了大规模的变换重组。

海洋空间与陆地截然不同，眼前没有看得见的路，是一个通过记录于航海图的航线连起的广阔空间。正如比较经济学史专家川胜平太在《文明的海洋历史观》中叙述的一样，大航海时代之后，世界史的主舞台转移至由岛屿和海洋组成的“群岛海”坐标轴及网状空间。多种网络连接而成的海洋空间类似于沙漠的商业空间，与以领土为前提的帝国及主权国家形成强烈对比。

如前所述，卡尔·施密特基于“世界史是一部海洋国家对抗陆地国家、陆地国家对抗海洋国家的斗争史”，提出大航海时代陆地空间向海洋空间的转变是从根本上改变世界观的变革。他评价大航海时代“是第一次真正意义上的空间革命，它全面彻底，包罗万象”。对于大航海时代实现的第四次空间革命，卡尔·施密特写道：“空间革命不仅仅意味着在某个迄今为止不为人知的地方登陆，它还意味着空间概念在人类存在的各个阶段与领域的变革。16、17世纪这一历史上的转折点见证了空间革命的真正含义。”

世界观的转换是不言而喻的，物资运输原本依靠家畜，而现在则不得不依赖风向、洋流等海洋自然现象。此外还必须制定契合海洋这一特殊空间的新秩序。人们在海洋空间开辟航线，把物流中心从欧亚、北非的干旱地带（以沙漠为中心的“陆地之海”）转移至海洋，由此进入了欧洲跃进时代。“欧洲时代”的第一次来临正是出现在大航海时代后。

卡尔·施密特认为英国是唯一一个完成从陆地国家转型为海洋国家并组建海洋体系的国家，他评价道：“当英国向一个纯粹的海洋性国家过渡时，它与其他世界的所有实质性关系，尤其是与欧洲大陆诸国的关系也必须相应地发生改变。英国政治的所有标准和尺度与其他欧洲国家无法比较和协调。英国成为了海洋的女王，并且基于其全球的海上霸权，建立了一个波及全球各个部分的大不列颠世界帝国。英语世界开始用基地和交通路线的方式考虑问题，其他民族心中的大地与故乡，在他们看来不过是后方罢了。”

施密特强调了陆地体系与海洋体系之间的差别。前者着重于领土这一特定的空间，而后者的基础则是世界规模的网络体系。发展于大西洋空间的资本主义成为海洋时代的新核心经济制度。伊丽莎白时代的沃尔特·雷利爵士（1552年—1618年）说道：“谁主宰了海洋，谁就主宰了世界的贸易，谁主宰了世界的贸易，谁就拥有了世界所有的财富，事实上也就拥有了世界本身。”正如其所言，在这一转折时期，海洋连接的广袤空间成为了新时代的财富源泉。

资本主义是海洋空间的新秩序

在此请允许我换一个话题。美国经济史学家沃勒斯坦（1930年—）兴起了《世界体系理论》的现代历史学潮流。他从极为宏观的角度确立了世界历史观，认为世界是包括政治结构、经济框架、社会差异性的一个整体。另外，法国的历史学者布罗代尔（1902年—1985年）也促使20世纪的历史学发生了划时代的变化。他提出了每个经济体都独立构成一个世界的“经济世界（ é conomie-monde ）”概念。沃勒斯坦对他前辈布罗代尔的思想给予了高度评价，在学术上也深受其影响。上述两位学者都主张资本主义主导了近代社会的发展。

不过，两人对资本主义的形成过程却持有不同的见解。布罗代尔的思想沿袭了过去的历史架构，认为资本主义萌芽于16世纪前的欧洲；而沃勒斯坦则提出资本主义起源于16世纪以后的大西洋空间（F·Dos编《布罗代尔帝国》）。本书采用了沃勒斯坦的观点，主张资本主义与第四次空间革命紧密相关。

大航海时代到来后的大西洋，孕育出了连接寒冷欧洲、亚热带、热带的西非与美洲的海洋商贸圈，并制定了相应的经济制度。这一商贸圈结合了大西洋三角贸易与批量生产商品性农作物的种植园。

大西洋是把“不同性质”的陆地结合在一起的辽阔空间。所以，必须建立海上交通规则和能以商业与商品性农作物创造财富的体系。荷兰与英国主要负责制定体系与规则，也即自由航行原则（海洋法）与资本主义。

总之，要理解大西洋这一新空间对欧洲的影响，应重点明确以下两条：新的欧洲是大西洋空间的一部分；资本主义是在大西洋形成的海洋体系。

大航海时代的空间扩大与新秩序的形成

提起大航海时代，最先吸引人们目光的总是葡萄牙、西班牙在地理上扩大海洋空间的15、16世纪。其实，想要理解这一时代，更应关注形成资本主义的一系列连续过程。作为海洋体系的资本主义产生于17、18世纪，是由挑战西班牙霸权的荷兰与英国确立的制度。

布罗代尔把1450年到1640年的190年称作“漫长的十六世纪（long sixteenth century）”，视大航海时代的一前一后为一系列的历史进程。沃勒斯坦也沿用了这一观点，他在《现代世界体系》中写道，1450年至1640年的“漫长的十六世纪”，环绕大西洋的沿岸地区形成了由中心区（西欧）、半边缘区（地中海区域）、边缘区（东欧、新大陆）的三级结构所构成的世界体系。虽然两位学者都认为欧洲因农业凋零、战争、肆虐的黑死病而面临的“十四世纪危机”是大航海时代的起点，不过两人对于资本主义之形成却各执一词。

沃勒斯坦提到，从1600年或者是约1650年至约1750年，新大陆因银资源枯竭而发生经济萎缩，荷兰、英国、法国趁机发动了围绕中心区霸权的战争，最终英国取得了胜利。

此外，还有一种更为简明易懂的思考方式：大航海时代的初始阶段形成了海洋空间——大西洋。在第二阶段，匹配该空间的新秩序与新体系被制定了出来。也就是说，把从葡萄牙恩里克航海王子（1394—1460年）开启航海事业，直至荷兰、英国在18世纪中叶兴起资本主义为止的时期统括为“长期大航海时代”（第四次空间革命）。在前半段，人们开辟了大西洋空间，在后半段，荷兰和英国迅速发展了结合种植园经济与大西洋三角贸易构成的资本主义。

何为大西洋空间的特殊性

世界海洋主要是由印度洋、大西洋和太平洋构成。约占70%地表面积的海洋中，近89%都是印度洋（占20%）、大西洋（占22%）和太平洋（占46%）。不过这些大洋并没有在同一时期登上世界史舞台，而是按照印度洋、大西洋、太平洋的顺序阶段性地出现在了世界史中。

15世纪以前，人类的居住区集中于欧亚大陆南部的带状干旱地带，除了欧亚大陆南部边缘的北印度洋外，其他大洋全在世界史的范围外。北印度洋（阿拉伯海）之所以能早早进入欧亚大陆历史，主要有以下两大原因：①印度半岛接近赤道，东、西、北三面都被陆地环绕；②随着季节变化，西南、东北季风交替出现，便于帆船航行。极端地说，印度洋是一片连接各帝国的海洋。

简而言之，大航海时代就是欧洲诸国向大西洋扩张的时代。观察欧洲版或美国版的把大西洋置于中心的世界地图可以发现，与东西跨度长的印度洋、太平洋不同，大西洋延伸南北，东西幅度较为狭窄。其最狭窄之处沟通非洲最西端的佛得角群岛与巴西最东端的世界文化遗产费尔南多—迪诺罗尼亚群岛，距离约等于东西往返地中海的长度，因此航海横渡并不困难。尽管如此，大西洋空间却在很长一段时间内被忽视，这完全是人们欠缺航海目的与必要性的缘故。

15世纪90年代，大西洋被开辟出三条航线，随着其中部海域的贸易路线日趋成熟，位处高纬度寒冷地带的欧洲与亚热带、热带的西非、中南美之间的经济互补性发展出了新的交易关系。而且，历史沉淀尚浅的大西洋环境也有利于形成人工经济体系。在西班牙、葡萄牙征服中、南美后，荷兰、英国发展了结合三角贸易、种植园经济与奴隶劳动的资本主义。三大洋中，也只有大西洋的海洋空间能成为形成近代社会的原动力。

16世纪20年代初，麦哲伦的航海探险探明了世界海洋的分布情况，世界史的舞台顿时扩大了10倍。但是，由于占地表三分之一面积的太平洋实在过于广阔无垠，航海家难以窥探全貌，因而一直处于无人问津的状态。直到18世纪下半叶，詹姆斯·库克（1728年—1779年）三度出海探索才考察清楚太平洋沿岸的海岸线，构建太平洋的广袤空间体系可以说是留给21世纪的任务，而太平洋也是与人类未来密切相关的海洋。

指南针、航海图与海上航行法

话说回来，为大航海时代备好前提条件的是蒙古帝国时期的东西方文明交流。威尼斯商人马可·波罗等人传播的中华帝国信息和航海工具指南针迅速提高了人们探索大西洋的热情。

只要符合时代的需求，物品或工具往往会发挥出改变世界的力量。指南针的出现，让航海不再像以往那样需要依靠陆地作参照物，沿岸航行法变化为应用地球磁极的海上航行法，使人们能在大洋上开辟新的航线。

人们航行了一程又一程，孜孜不倦地开辟了海洋大空间的长里程航线。航行过程也完善了用来记录隐没于海浪间线路的波特兰航海图。与陆地道路不同，大海上的航线信息是通过航海图的形式不断累积下来的。

此外，能逆风破浪前行的伊斯兰世界三角帆和装在船尾中央的舵（过去在右舷）也对开辟航线做出了贡献。综合欧亚大陆各地区的航海技术后，世界迎来了在大洋编织网络的大航海时代。

第二节 推动世界步入海洋时代的葡萄牙

只发现非洲的航海家恩里克王子

第四次空间革命的先驱是国土面积仅为日本四分之一、约有100多万人口的小国葡萄牙。在此，历史也发生了不可思议的空间转换。

葡萄牙在今天也是一个积极向海外拓展市场的国家。过去由于其国土多为荒地，能开垦的土地只占7%～8%，再加上接壤国力强盛的卡斯蒂利亚（之后的西班牙），因此不得不把希望寄托于占领摩洛哥上。当时，众多穆斯林因收复失地运动沦为难民退至摩洛哥，所以葡萄牙国王计划扩大运动规模，举国进攻摩洛哥的海上要塞城市休达，但却很快以失败告终。在此期间，航海家恩里克王子登上了历史的舞台。

葡萄牙国王若昂一世（1385年—1433年在位）的第三子恩里克任职葡萄牙西南部阿加维省（阿拉伯语中意为西部，位处欧洲与非洲、地中海与大西洋的交叉口）的总督后，在所辖地南端的萨格里什海角创办了培养海员的航海学院，从此开启了航海事业。他建造远洋船舶、研发航海仪器、制作航海图与航海日历，系统性地推进了航海工作。

阿加维省和西班牙新大陆移民中心安达卢西亚（“汪达尔人的土地”转化为伊斯兰式的发音）相同，是混居着穆斯林与基督教徒的边界地区。欧洲的“海洋时代”就开启于这一伊斯兰文明与欧洲文明的共存之地。

最开始，恩里克的目标并非大西洋，而是非洲大陆。他相信非洲大陆存在传说中的基督教大国祭司王约翰之国，准备与之建立合作关系从而夺取由伊斯兰势力控制的摩洛哥。另外，他也计划从海路进入西苏丹，参与穆斯林商人在西苏丹收获巨额财富的黄金贸易。不过，要想实现目标就必须一直航行在如同撒哈拉沙漠般广袤的海面上。

一年四季，摩洛哥方向都会吹来强劲的风，为了能逆风应用指南针回国，恩里克王子引进伊斯兰的三角帆，使用可逆风航行的卡拉维尔船，一边制作非洲海岸的航海图记录航线，一边展开探险。他把航海图作为重大机密严禁外泄，企图垄断非洲西海岸的贸易。

恩里克派手下吉尔·埃阿尼什突破了当时被视为世界尽头的博哈多尔角，成功开辟深入赤道几内亚湾的航线，实现了参与西苏丹黄金贸易的目标。恩里克王子于1460年去世，他的一生都奉献给了航海事业，为葡萄牙带来了西苏丹的黄金与奴隶。

“咆哮西风带”维系的大西洋与亚洲各海域

恩里克王子去世后，葡萄牙王室以继续探索非洲西海湾为交换条件，授予大商人费尔南·戈麦斯贸易垄断权。戈麦斯的船队把航线拓展至现在的象牙海岸与黄金海岸，收获了大量财富。

不久之后的1488年，为了确认祭司王约翰之国是否真实存在于刚果内陆地区，巴尔托洛梅乌·缪·迪亚士（约1450年—1500年）率队沿非洲西岸南下，却不幸在非洲南部遭遇了大风暴。在海上漂流了13个昼夜后，他注意到海岸线转向东面，船舶正朝北航行。由于这片海域终年风浪强盛，在现今被称为“咆哮西风带”（大约在南纬40度附近）。非洲的最南端其实是一片普通的海滩，名为厄加勒斯角（意为罗盘磁针），但迪亚士却把偏离了约150公里远的一处风光明媚的岬角误认为是非洲最南端，并命名为“风暴之角”。由于大西洋与印度洋在风暴之角交汇，所以与亚洲建立香料贸易成为了葡萄牙的新目标。

葡萄牙国王若昂二世（1481年—1495年在位）得知能绕过非洲迂回抵达东方的消息后，把“风暴之角”重新命名为“好望角”，取承载与亚洲通商的希望之意。在此之前，受王命假扮为穆斯林商人，取道陆路行至印度卡利卡特的科比利安已经向若昂二世汇报了伊斯兰商业圈扩张至非洲东海岸的消息。好望角的发现改变了国王海上探险的方针，从原来探索欧亚西岸海域延长线上的非洲西岸，转变为开辟通往亚洲的航线。

但是，连年的饥荒让葡萄牙的探险事业停顿了将近10年。1497年，瓦斯科·达·伽马（约1469年—1524年）奉葡萄牙国王之王命重新扬帆起航。他率领四艘船约170名水手，航行百日抵达好望角，之后一行人继续北上，在途经非洲东海岸的马林迪时雇佣了一位阿拉伯籍向导。第二年，依靠向导的领航，船队顺利抵达了印度的胡椒贸易中心卡利卡特港，通航印度的愿望终于被实现。

达·伽马的航行里程比后文将介绍的航海家哥伦布、麦哲伦更长，他完成了严峻的航海任务（170个水手中只有不到60人幸存返航），成功穿越了多片海域。达·伽马船队从印度购入的胡椒，与过去要经多个中间商转手、收取多道差价的胡椒相比便宜了许多，卖出后所得的利润是航海成本的60倍，不但填补了航行的所有费用，还为葡萄牙王室大赚了一笔。葡萄牙国王自称“印度之王”，把胡椒贸易作为王室事业，每年都派出六七艘船，400至500名水手及士兵出航印度。此外，1500年，卡伯拉尔（约1467年—1520年）船队在顺着季风前往好望角的途中发现了巴西。

《世界历史上的跨文化贸易》的作者菲利普·D·柯廷写道，1500年至1634年间，远航印度的葡萄牙船舶中有28%在途中遇难。好望角的南面正是“咆哮西风带”，这片海域常年都刮着偏西风，有许多帆船都因此遭殃，通往印度的航线可谓命悬一线。

不过，即便困难重重，穿越好望角的航线依然充满魅力。葡萄牙为了缩小与穆斯林商人间的经济实力差距，还在船上装备了侧舷小型火炮，试图武力出征印度。1509年，葡萄牙海军在印度北部坎贝湾入口近处的第乌海域击败马穆鲁克王朝的舰队，掌握了印度洋的霸权。

1510年，葡萄牙在印度西海岸上占领了曾是穆斯林商人军马贸易港口的果阿，并在当地建立起据点（16世纪下半叶—17世纪的鼎盛时期约有20万人口）。翌年，葡萄牙又征服了位于马六甲海峡要冲的马六甲王国，将航线拓展至马鲁古群岛（又称香料群岛）、暹罗（泰国）及东亚海域。

第三节 第四次空间革命与开拓大西洋

哥伦布在黄金之国Zipangu（日本旧称）赌上了人生

葡萄牙人连通两大洋，开辟了从欧洲直通亚洲的航线。而让第四次空间革命走上轨道的则是热那亚航海家哥伦布（1451年—1506年），不过他误把大西洋认作是连接欧洲和亚洲的大洋。

哥伦布熟读了佛罗伦萨数学家、地理学家托斯堪内里（1397年—1482年）绘制的航海图。这一海图结合了地圆说与马可·波罗描述的信息，认为从欧洲向西航行可抵达亚洲。哥伦布坚信只要冒险横渡亚洲的海（实际是大西洋），就能成功开辟通往黄金之国日本与中华帝国的航线。他梦想可以在《马可·波罗游记》记载的黄金岛日本一获千金。

哥伦布的幻想并非毫无根据。哥伦布的时代正处于文艺复兴时期，古典学术复苏。公元2世纪亚历山大城的天文学家、地理学家托勒密所绘制的“世界地图”取代中世纪的宗教性地图在欧洲大地上广为流传。因此托勒密的地圆说在知识分子阶层重新被提起。自学地理学的哥伦布也深信地圆说。不过，他推算出的地球周长比实际的要少四分之一，并错误地认为大陆面积占地球的七分之六，海洋只占七分之一。所以哥伦布判断亚洲的海域必定极为狭窄，向西航行很快就能到达黄金之岛日本，然后还可以继续航行至中国海，他当时的视野中并没有美洲大陆和太平洋。

葡萄牙人巴尔托洛梅乌·缪·迪亚士发现非洲最南端——好望角的消息激起了哥伦布的野心。他觉得第一个登上日本岛的探险计划就像风中之烛那样随时都可能成为泡影，为了避免被他人捷足先登，他必须立刻行动起来。但是，对于一个私人探险者而言，如果身后没有国王提供保护和支持，自己的航海成果很难得到保障。

不久后，哥伦布的热切盼望终于得到了回应。1492年，伊莎贝拉女王（1474年—1504年在位）降服了穆斯林的最后据点格拉纳王国。女王接受了他的请求，成为哥伦布背后的靠山，而实际的航海资金则由热那亚人赞助。

在“幻想之海”摸索航行

欧洲曾把约8200万平方公里的大西洋称为“阿特拉斯之海”。阿特拉斯山脉位于地中海西出口的非洲北部，名称源自希腊神话中因袭击众神栖息的奥林匹斯山而被罚以身躯支撑天空的巨神阿特拉斯。大西洋的英文读法“Atlantic Ocean”也源自阿特拉斯神话。大西洋曾是神话的海洋，这片神话之海在历史的发展进程里最终变化为孕育了近代世界的海洋。

转变的开始，一切都很平常。1492年，坚信大西洋是亚洲之海的哥伦布迅速准备了包括旗舰圣玛利亚号（排水量127吨）在内的三艘舰船，招募了90名水手（另一种说法是120人），然后带领舰队从西班牙南部的帕罗斯小渔港起锚出海。他们在加纳利群岛停留了一个月的时间用以等待合适的风向，接着便顺着季风驶向对岸的亚洲。而引导哥伦布进行航海的不过是一张基于想象的航海图，毫不夸张地说，哥伦布是凭借先人的幻想航行于海面之上。但是，被幸运之神眷顾的哥伦布在漂泊30多天后，抵达了位于加勒比海外缘巴哈马群岛中的瓜纳哈尼岛。他在登岛首日把小岛改名为“圣萨尔瓦多岛”（意为神圣的救世主）。正如岛名所言，这次航行宛如受到神明祝福般顺利。据后来哥伦布本人说，航海过程就像是在内陆水面航行一样平稳。不过，当时的哥伦布以为是在神的指引下抵达了亚洲，感觉自己幸运至极。

错把加勒比海视为“中国海”的哥伦布，开始在同片海域寻找最大的黄金之岛日本。巡航途中，他在伊斯帕尼奥拉岛（现在的海地岛）发现当地的酋长身戴黄金饰品。酋长告诉哥伦布，群岛的中央位置有一个名为锡瓦奥的盛产黄金的地方。

由于语言不通，哥伦布误以为锡瓦奥就是日本[1]，当时的他觉得自己心心念念的日本黄金梦离实现只差一步之遥了。

收获这一信息后，哥伦布在圣诞夜的酒会中，把此前触礁的圣玛利亚号解体，筑成堡垒。他留下40名水手，自己则踏上了归国的旅程，为下次真正探索日本重作部署。想必哥伦布在那时已经深陷功成名就的狂喜之中。

15世纪90年代世界转为海洋时代

15世纪90年代，哥伦布进行了大规模的第二次航海旅程后，其他航海家也相继发起了向北和向南的海上探险，大西洋空间被急速开辟。1493年，西班牙举全国之力安排了哥伦布的第二次航海，此次航海探险约有1500名（也有说法是1200名）水手参与，是一次对加勒比海的探索行动。但是，因为错把伊斯帕尼奥拉岛当成日本，所以此次航海行动并没有预期的那样开采出足够黄金，计划以失败告终。不过，哥伦布依然达成了不可磨灭的功绩。这是因为他开辟出了从非洲返回欧洲的稳定航线，即在非洲海面借助季风，从加纳利亚群岛驶往加勒比海，再利用墨西哥湾暖流和偏西风返回欧洲的线路（干线航路），这条航线是日后形成“大世界”的基础之所在。

四年后的1497年，威尼斯航海家约翰·卡伯特（约1451

---

[1] 译者注：锡瓦奥发音为Cibao，日本发音为Zipangu，很相近。

年—约1498年）受英国国王亨利七世（1485年—1509年在位）的资助，从布里斯托尔港抵达过去维京人的航线，并尝试在那里寻找黄金之岛日本。

结束了第二次航海后，卡伯特在寄给米兰公国外交官的信中写道：“我的计划是探索一座名为日本的岛屿，那里不仅有宝石，还有全世界香料的源头。”[1]可见卡伯特的目标是成为“第二个哥伦布”。

虽然卡伯特的航海行动低调且规模较小，但他却发现了纽芬兰岛与拉布拉多半岛，为后来英国声称拥有佛罗里达州以北所有北美地区先占权的主张提供了依据。第二年，卡伯特再次横渡大西洋发现了切萨皮克湾。后来，这里因盛产鳕鱼成为了纽芬兰岛周边欧洲各国渔民的必争之地。

1498年，如前文所述，葡萄牙的航海家瓦斯科·达·伽马开辟了从大西洋向南绕过好望角抵达印度的航线。15世纪90年代，大西洋形成了中部、北部、南部的海上航线网络。

既是商人又是探险家的阿美利哥·维斯普西（1454年—1512年）受雇于美第奇家族，他曾四次航海考察新大陆，并把探索成果撰写成了报告。1507年，德国地理学家马丁·瓦尔德泽米勒（约1470年—1520年）根据维斯普西的报告，推断哥伦布到达之处并非亚洲，而应该是一块未知的新大陆。于是他在过去的世界地图上增添了这片新大陆，将其绘成南北延伸几乎

[1] 出自英国文学的研究学者越智敏之的《始于鱼的世界史》。

没有宽度的样子，并将新大陆用阿美利哥的名字命名为“亚美利加洲（美洲）”，而关于“亚洲之海”其实是大西洋的事实也在后述的麦哲伦航海中得以验证。

西班牙与葡萄牙把海洋空间等同于陆地

作为大航海时代先驱的西班牙和葡萄牙，都是与穆斯林经过激烈的宗教战争后诞生的天主教国家，也都曾是典型的“陆地国家”。

西班牙在哥伦布的航海探险大有斩获后，经由教皇亚历山大六世（1492年—1503年在位）的介入，与葡萄牙共分了对大西洋的统治权。两国都想垄断大西洋带来的海洋利益。1493年，教皇把佛得角群岛以西100里格（用于航海的测量单位）的子午线作为分界线，规定该线以西的一切土地归西班牙所有，以东的一切土地归葡萄牙支配。教皇还以改宗天主教为交换条件，授予两国国王统治所有非天主教信仰地区的权力。

此后，双方通过一轮又一轮的谈判，分别签订了移动分界线使巴西成为葡萄牙领土的《托尔德西里亚斯条约》（1494年）以及划分太平洋势力范围的《萨拉戈萨条约》（1529年）。西班牙与葡萄牙像瓜分陆地一样瓜分了全世界的海洋。两个国家受“陆地帝国”的思维模式束缚，认为世界的大洋是能够分割的。但是基于“陆地帝国”理念的野蛮海洋统治，未能让葡萄牙与西班牙制定出海洋世界的秩序，两国的海上霸主地位也被之后的荷兰、英国所打破。

阴差阳错中发现太平洋

太平洋是延伸至美洲大陆西侧的辽阔大洋。当太平洋的存在被确定后，人们第一次知道了大西洋、新大陆、太平洋、欧亚大陆之间的地理位置。横跨太平洋的第一人是麦哲伦（约1480年—1521年），他是证实地球广阔至此的关键人物。

不过由于麦哲伦使用的地图仍然是公元2世纪的托勒密版“世界地图”，所以他在航海时和哥伦布犯了同样的地理知识错误。

麦哲伦出生于葡萄牙，年轻时在东南亚海域从事香料贸易。回国后，他参加了葡萄牙与摩洛哥的战争。战争中，麦哲伦多次负伤，一条腿落下了终生残疾。祸不单行的是他还被怀疑私藏战利品，丧失了在葡萄牙宫廷的立足之地。之后，西班牙宫廷看重麦哲伦的经验，向他抛出了橄榄枝，可以说麦哲伦成为航海家的道路充满了艰难困苦。当时，后一步进入海洋世界的西班牙一有机会就会去挖角葡萄牙的优秀船员，正因如此麦哲伦的航海梦想才得以实现。

掌控塞维利亚通商院[1]的权势贵族与希望通过亚洲贸易攫

[1] 译者注：西班牙的一个殖民统治机构。

取利益的德国富格尔家族代理人联手，计划开辟一条经由非洲南部通往马鲁古群岛的航线。因为在新大陆还未探得值钱的物产，所以西班牙想要开辟新航线，得到马鲁古群岛特有的丁香与肉豆蔻，从而牟取经济利益。

当时，南美被当成亚洲的印度半岛，人们认为如果绕过那里，就会来到一个名为“sinus magnus”的大海湾，马鲁古群岛就位于此地。

1519年，麦哲伦率领5艘船与265名水手从西班牙的塞维利亚港扬帆起航。横渡大西洋后，船队沿着南美南下。第二年，一行人航行40日穿过南美最南端的麦哲伦海峡，到达了一片未知的海域。麦哲伦把这片平稳的海洋命名为“太平洋”，可见当时他的心情十分轻松愉快。

然而，理应近在眼前的马鲁古群岛却怎么找都找不到它的踪迹。这当然是他们正航行在占世界三分之一面积的辽阔的太平洋上的缘故。航行超过百日后，船员所带的食物早已消耗殆尽，饮用水也已经变质发臭，船上的老鼠成了最珍贵的食物，需要用黄金来换。这一航海历程简直如同人间炼狱，许多船员都被坏血病夺走了生命。

1521年3月16日，麦哲伦的船队经过110天令人绝望的漫长航行，奄奄一息地抵达了菲律宾群岛。随行的马来侍从与当地住民交流，确认了这里就是亚洲的海域。太平洋、美洲大陆的存在与位置关系终于被确认了下来，即便不够精确，地球空间的全貌已然在此刻豁然开朗。虽然有一定的偶然性，但麦哲伦依旧是空间革命的最大功臣，因为他的航海发现，世界史的空间就此扩大了。

此后，麦哲伦原本打算在菲律宾群岛建立贸易据点，与葡萄牙统治的马鲁古群岛分庭抗礼，但却不幸地在麦克坦岛筹措粮食时卷入战争而亡。历史是具有多面性的，如果从岛上土著的视角来看，哥伦布与麦哲伦都是外来侵略者，后人还于麦克坦岛上建造了称颂酋长拉布拉布与麦哲伦英勇作战的纪念碑。

麦哲伦死后，一名叫作埃里卡诺（1476年—1526年）的船员成为了继任的船队领袖，他来到马鲁古群岛收购大量香料，指挥仅剩的船舰维多利亚号绕过好望角。时隔三年终于在1522年9月返抵西班牙。出发时共计265人的船员，回来时只剩下面黄肌瘦的18个幸存者，足见这一航海探险的艰难惨烈。

西班牙收获新的海洋信息后，尝试在太平洋上开发商贸路线。但在第二次航海中，埃里卡诺却命丧太平洋，任务也以失败告终，但麦哲伦的航海对人类地理知识的扩大和科学发展存在的重要意义是毋庸置疑的。1543年，波兰人哥白尼（1473年—1543年）发表《天体运行论》，提出基于地球自转、公转的日心说，终于确认地球是一个平凡的行星。

第四节 吞并美洲大陆的西班牙

特殊的美洲大陆空间

16世纪，以阿兹特克帝国、印加帝国为核心的南北美洲被编入了世界史的大空间。和欧亚大陆相比，北美与南美洲的面积分别是它的45%与38%，加起来约为欧亚大陆的80%。

人口方面，16世纪上半叶，南北美洲在被欧洲势力征服前的总人口数据推测约为8000万人以上，而西班牙与葡萄牙两国的总人口相加起来还不到800万。

美洲大陆拥有独树一帜的发达文明，其中建立于墨西哥高原与安第斯山脉山岳地带的阿兹特克帝国（约12世纪—1522年）与印加帝国（约1200年—1533年）是大陆上的两大支柱。但是，由于美洲大陆缺少了具有空间形成力的马，也没有使用作为运输工具的车轮，所以无法像欧亚大陆一样推进区域一体化，因此美洲文明处于孤立状态。当不同文明相遇时，被侵略的一方往往由于视野相对狭窄而落于下风。成为胜方的西班牙把宗教价值观强加于人，根据“陆地帝国”的规律，把美洲大陆变成了自己的殖民地。

科尔特斯被误认为是白皮肤的神

墨西哥的阿兹特克帝国和秘鲁的印加帝国都是山岳国家，坐落于海拔约为2000~3000米的高山地带。人们之所以能在高山上建立国家，是因为玉米、土豆和番薯等主要粮食能种植于倾斜之处。但是，对位于高山地带的帝国而言，空间的开辟程度是有限的，既未发明车轮也没有马匹的状态造成了极大的劣势。虽然可以利用羊驼驮运行李，但羊驼的负重量只有20公斤左右，无法供成人骑行。

阿兹特克帝国与印加帝国基本依靠步行来维系国家的空间。当遭遇拥有马匹与火炮等先进武器的征服者，并且西班牙人传入的天花病毒也开始蔓延时，两国都不自觉地妖魔化了入侵者，美洲大陆上的人们愈加惶惶不安。

1519年，征服者科尔特斯（约1485年—1547年）率领11艘载有550名士兵、14门大炮、16匹马的舰船，从古巴岛登陆墨西哥，入侵了阿兹特克帝国。阿兹特克人误把科尔特斯当成神话中被帝国流放的白皮肤羽蛇神奎兹特克（Quetzalcoatlus，Quetzal是鸟的名字，Coatlus是蛇，合起来指“长满羽毛的蛇”）。这是因为帝国长年流传着“1519年，奎兹特克将会回来”的传说。阿兹特克帝国常常强行抓走周边部落的年轻人，作为祭品供奉太阳神。科尔特斯利用周边部落对帝国的怨怼，在短期内完成了征服目标。

征服阿兹特克帝国后，科尔特斯彻底摧毁了位于特斯科科湖岛屿的帝国首都特诺奇蒂特兰（城名取自“仙人球”之意），当时这里约有8万至10万户人口。他使用损毁的神庙等建筑物的石材填湖建造了新都墨西哥城，并在其中建立了胁迫当地土著的天主教会，阿兹特克帝国的土著（印第安人）从此沦为奴隶。科尔特斯以委托监护制（作为帮助土著改信基督教的回报，当地土著需要向殖民者提供劳力）驱使了数万奴隶。此外，他还享有65座矿山和辽阔的农牧场的支配权，积累了无数财富。

操控印加的皮萨罗

1532年至1533年，西班牙人皮萨罗（约1470年—1541年）率领186名士兵、37匹战马，携带13门火炮，从巴拿马地峡南下太平洋抵达秘鲁，入侵位于安第斯山脉的印加帝国。印加帝国的首都是海拔3500米的库斯科。

皮萨罗在经过两次调查后赶赴秘鲁，与只带了6000名随从的第十二代印卡（意为王、神的化身，太阳之子）阿塔瓦尔帕（1532年—1533年在位）会面。皮萨罗通过欺骗的手段，以少胜多攻占了印加帝国。尽管阿塔瓦尔帕拥有3万大军，但却败给了皮萨罗的突然袭击。

皮萨罗充分利用阿塔瓦尔帕的价值操控帝国，最终于1533年处死了他。而印加帝国本身也流传着“第十二代印加统治时期，将会有未曾见过的人入侵并终结帝国”的预言。在行刑前，阿塔瓦尔帕被要求改宗基督教，面对这一要求，他断然拒绝道：“你们口中的教皇，把不属于自己的领土授予他人，从这点来看他一定是疯了，我绝不会改变自己的信仰。”但当西班牙人告诉他如果不皈依基督教，将会被活活烧死时，由于当地人认为被火焰灼烧的灵魂必将灰飞烟灭，所以阿塔瓦尔帕勉强接受了基督教的洗礼，最后被处以绞刑。

天花全面征服南美洲

对美洲大陆的原住民而言，与欧洲人的相遇可谓不幸至极。16世纪的70多年间，欧洲人传播至新大陆的天花病毒横行肆虐，80%以上的土著皆因感染疾病而丧命，这是世界史上最为可怕的大规模瘟疫。

美洲土著对西班牙人带来的天花病毒毫无免疫能力，这也是引起这场悲剧的最大原因。天花通过空气传播，来势汹汹令人闻风丧胆。

根据阿兹特克人留下的文字记录显示，印第安土著患病后全身都长出疹子，最后伴随剧痛死亡。天花是印第安的祖先迁居至美洲大陆后，出现“旧大陆”的病原体。阿兹特克帝国爆发的严重瘟疫，让16世纪还有超过2000万的印第安人口到了17世纪仅剩下100万人。

黄金国传说与第三轮征服

第三轮征服者继第一轮的哥伦布、第二轮的科尔特斯与皮萨罗之后出现了，他们是探索黄金国的一群人。

16世纪中叶，西班牙人中间流传着这样一个传说：在现今哥伦比亚首都波哥大附近，居住着土著齐布查族，他们的酋长每天都往全身撒满金粉，晚上再清洗干净，每到一年一次的祭典时还会向湖中投入大量黄金、银器。听闻传说的探险家们掀起了探索黄金国的热潮。对宝石黄金的渴望驱使一批又一批的西班牙探险家竞相踏上了寻找黄金国的旅程，最终在短期内征服了南美。

在葡萄牙的殖民地巴西（巴西的国家名源于其特产“巴西红木”），北部的巴伊亚被定为首都。始于此地的甘蔗种植大获成功，令巴西在17世纪上半叶就成为世界第一产糖国。

西班牙人曾把墨西哥命名为新西班牙，从这一名称可以看出，西班牙人想在新大陆创造一个与原始的土著社会相隔绝的理想城市。哥伦布开辟航线后的80年间，约有16万西班牙人迁移至新大陆，建设了200多个拥有中央广场与棋盘状道路的城市，塞维利亚的通商院可以说是西班牙输出移民的据点。

虽然现在的新大陆混居了不同人种与民族，但是过去大航海时代的西班牙殖民者的初衷是想在新大陆建设“第二个西班牙”，过上西班牙式的生活。因此，塞维利亚通商院派出商人向各城市提供了西班牙商品。1503年设立的塞维利亚通商院被授予渡航新大陆的特权。1543年后，通商院组织了一年两次、专门前往新大陆的船队，并只允许西班牙商人渡航。商人必须按照事先决定的港口、道路、城市进行商业买卖。其中，特许商人负责管理物资的流通，把不计其数的财富集中于塞维利亚通商院与自己的团体名下。

新大陆的白银把地球连成一体

新大陆生产的廉价白银把三大洋连接的世界空间转变为一个经济空间。

1545年和1546年，秘鲁的波多西银山（海拔4000米）与墨西哥的萨卡特卡斯银山（海拔2250米）相继被发现，新大陆因此加入了“大世界”的经济体系。16世纪40年代可以说是世界经济的一个里程碑。随着使用水银从矿石中提取银的“混汞法”的发明以及水车驱动的“银矿石碎石法”的普及，廉价白银被源源不断地运往欧洲。

位于现在玻利维亚南面的波多西通过印加帝国的强制劳动制集中了众多“印第安”劳动者，1612年，波多西发展成为新大陆最大的城市，人口共计约有15万人。萨卡特卡斯银山的开采寿命非常长，到19世纪为止，这座山的产银量达到了世界总产量的五分之一。据说1503年至1660年，约有15000吨巨量白银从新大陆流入西班牙的塞维利亚。在此以前，欧洲最大的银产地是德国的哈茨山银矿，年产量约为30吨。而新大陆流入欧洲的白银则是96吨，达到了原先的3倍多。

新大陆带来的白银中，约有40%是西班牙皇室的收入，剩下部分则经热那亚商人流转到欧洲各地。那时欧洲正在进行宗教战争，新大陆的白银被战争所浪费。这一时期，西班牙皇室仿效德国的塔勒银币，铸造了大量比索银币，英国人称其为“西班牙塔勒”。此后，英国为了解决北美殖民地英镑不足的问题，开始将西班牙塔勒作为流通货币，“美元”正是由来于此。[1]。

大量流入欧洲的廉价白银激活了欧洲经济。从16世纪至17世纪上半叶，银价大幅下跌，但物价却猛涨了三倍到四倍，这一现象被称为价格革命。长期的通货膨胀（经济扩张）大幅改变了欧洲人的经济伦理观。价格革命前的欧洲与现在的伊斯兰世界一样，禁止通过货币借贷获取利息。但是在急速的通货膨胀下，经济欲望得到了肯定，为了增加资产，投资和投机行为变得稀松平常，基督教世界不断被世俗化，资本成为了拓展新

[1] 译者注：美元英语为dollar，发音近似于塔勒。

空间的主要角色。

工业革命前，在亚洲与欧洲的国际贸易往来中，因为需要出口大量白银，欧洲持续处于逆差状态。葡萄牙把从新大陆带入欧洲的廉价白银用于对西亚、印度与中国的贸易活动，拓宽了商业范围。

16世纪下半叶，西班牙从墨西哥的太平洋沿岸入侵菲律宾，第一任菲律宾总督黎牙实比于马尼拉建造了据点。在这一背景下，被誉为“太平洋哥伦布”的西班牙航海家乌尔达内塔成功开辟了新的太平洋航线，即借助黑潮经日本列岛向太平洋北部航行，从三陆冲顺着偏西风再回到墨西哥。于是，墨西哥的阿卡普尔科港口和菲律宾的马尼拉展开了使用大型帆船的马尼拉帆船贸易，使得三分之一的新大陆产廉价白银都流入了东亚。

福建商人为了反抗明朝的海禁政策，从台湾海峡渡航马尼拉，用丝绸、陶瓷等丰富的商品换来了西班牙的廉价白银。大量明清商品都经过墨西哥与大西洋流入欧洲，反过来，明朝与清朝也因此积累了巨额白银，当时的马尼拉就如同墨西哥在亚洲的办事处。

这样一来，印度洋、太平洋、大西洋的东西两个方向都生成了新大陆的白银巨浪，世界第一次出现了全球规模的经济联合。马尼拉帆船贸易从1565年开始至拿破仑没落的1815年为止，一共持续了250年。

第五节 构筑大西洋空间结构的荷兰

宗教改革培育了挑战精神

在作为大西洋新体系旗手的荷兰与英国，宗教改革引起了意识形态的变化，人们普遍形成了勤劳、禁欲与节制的新价值观，这是颠覆北欧旧社会的宗教和政治变动与进军海洋的爆发性力量互相联动所导致的结果。

地中海商业随着奥斯曼帝国的侵略而衰退，浸润于文艺复兴风潮的教廷财政状况急剧恶化，教廷为筹措资金在阿尔卑斯山以北发售了“赎罪券”[1]。1517年，马丁·路德（1483年—1546年）提出《九十五条论纲》，反对出售赎罪券的行径，而后事态逐渐发展为批判教皇并开始提倡人们信奉基于《圣经》的新式基督教。这一宗教改革致使以教皇为最高权力的单一

[1] 亦称“赦罪符”，拉丁文意为“仁慈”或“宽免”，后被引申为免除赋税或债务。基督教士贩卖赎罪券，是西欧中世纪时特有的现象。

天主教共同体分崩离析。此外，法国人加尔文（1509年—1564年）也在法语区推进了宗教改革。

宗教改革之火点燃了佛兰德斯地区、德国、法国北部与英国等地。《圣经》借助德国印刷商谷登堡（约1398年—1468年）发明的金属活字印刷术在民间广为流传。

新教认为信徒人人皆可为祭司，重视个人的信仰之心。尤其是主张“预定说”的加尔文宗，就十分推崇勤劳、自律的生活准则，也允许信徒积蓄钱财的行为。正如马克思·韦伯（1864年—1920年）所说，这种将经营买卖当作侍奉神灵般刻苦的“加尔文主义”成为了“资本主义伦理精神”，同时也保证了经济与精神层面的富足。从另一种角度来看，新教挑战了以教皇为中心的欧洲传统秩序，宣布了北欧的独立。

16世纪下半叶到约17世纪中叶，天主教与新教在多地爆发了宗教战争，如法国的胡格诺战争（1562年—1598年）、荷兰独立战争、欧洲三十年战争（主战场在德国、1618年—1648年）、英国的清教徒革命（1642年—1649年）等。战争过程中，罗马教皇以及神圣罗马帝国的绝对权威与权力日渐衰亡，象征三十年战争结束而签订的《威斯特伐利亚和约》（1648年）普及了拥有明确国境并以国王为主权者的“主权国家”概念。君权神授说（神赋予国王祖先主权）让国王的统治具有了天然的权威性。

1534年，当教皇拒不批准英国国王亨利八世（1509年—

1547年在位）离婚再娶的要求后，亨利八世促使议会通过《至尊法案》，创设了以国王为最高统治的英国国教会，使其成为封建专制统治的工具。

八十年战争与西班牙衰落

长达80年的荷兰独立战争严重打击了西班牙。国土面积与日本九州差不多大的小国荷兰，历经80年的战争，终结了西班牙的繁荣，掌握了欧洲经济的主导权。

16世纪上半叶，大约是加尔文宗的信仰从法国流入西班牙的时期，哈布斯堡王朝把尼德兰并入了西属领土。西班牙的菲利普二世（1556年—1598年在位）设立宗教审讯所，采取镇压异端的政策，残酷迫害尼德兰新教徒。此外，他还向各城市征收重税（1%的所得税、5%的土地买卖税、10%的消费税）。

面对西班牙国王的暴政，新教贵族的反抗情绪日益高涨。对此，西班牙国王任命阿尔瓦公爵率一万人的军队严厉镇压尼德兰人民的一切反抗行动。公爵蔑称尼德兰人民为“乞丐”，一共处决了8000多人，有10000多人因此逃亡海外。在这样的局势下，以加尔文宗工商界人士为中心的荷兰独立战争（1568年—1648年）爆发了，这场战争前后断断续续地进行了80年，商业国家荷兰的身姿也从战争中逐渐显现。

威廉·奥兰治公爵（1533年—1584年）统率一群自称“海

上乞丐”的义勇军，熟练地运用复杂的水路展开了游击战，打得西班牙正规军晕头转向。荷兰多数土地都是低湿的洼地，因此只能向大海寻求发展。17世纪上半叶，即独立战争的后半期，荷兰以卓越的造船与海运实力，在经济层面处于欧洲的领先地位。

荷兰时常派遣600至800艘用来捕鲱鱼的船队抢占北海渔场，并为此建造了容纳18至30名船员，能经受连续五周至八周捕鱼作业，还可以在船上直接腌渍鲱鱼保存入木桶的大型捕捞船。捕捞鲱鱼为荷兰带来的收入约等于英国出口羊毛、毛织品的所得。不久，鲱鱼捕捞船进化为货运量更大的弗鲁特商船，让荷兰在波罗的海的贸易中大显身手。

在风高浪急的海面上进行大规模作业对渔船的损耗非常大，相应地，造船技术也得到迅速发展。荷兰造船业以重型起重机搬运风力加工设备及沉重的木材，机械化与标准化的发展令其拥有了领先欧洲的生产力，造船成本也只有英国的50%~60%。1650年，荷兰约拥有船舶16000艘，船员超过16.3万人。17世纪，荷兰成为了世界最大的海运国家，船舶数量是英国的四至五倍，欧洲超半数的船舶都属于荷兰。

与荷兰不同，葡萄牙与西班牙由王室管理亚洲与美洲的贸易，能派至大西洋与印度洋的船舶数量也无法与荷兰相提并论。

航路是公有之物

荷兰为了实现经济增长，必须在西班牙与葡萄牙垄断的大西洋与东南亚开辟航线（“海上道路”）。因此荷兰积极扩充海洋空间，制定海洋规则。1609年，荷兰法学家、外交官格劳秀斯（1583年—1645年）撰写《海洋自由论》，主张所有国家的船舶都可以在公海上自由贸易与航行，奠定了海洋相关的国际法思想基础。荷兰人依靠武装民船、走私贸易等方式，打破了西班牙、葡萄牙对海洋的独霸局势。所以，仅仅发现大洋并不能构建出海洋世界体系，想要达成这一点，必须基于新的理念去创造规则与体系。

地图制图学家墨卡托（1512年—1594年）绘制的“世界地图”保证了方向和角度的正确性，让航海者能够更好地使用指南针航行于大洋之上，同时也帮助拥有卓越海运实力的荷兰走向了世界。日积月累的航海活动加上可自由使用的“海上道路”，逐渐形成了连通五大陆的海洋世界。

荷兰独立战争时期，与西班牙处于敌对关系的英国派出武装民船不停地袭击西班牙银制帆船，并向荷兰伸出了援手。1588年，西班牙派遣载有庞大陆上兵力的“无敌舰队”远征英国，可却在中途遭遇暴风，败给了行船迅速的英国海军。英国通过这场战争掌握了大西洋的制海权。

投资时代到来和最初的泡沫

1580年，西班牙吞并葡萄牙后，封锁了里斯本港口，一度切断了亚洲商品通往荷兰地区的供应渠道。以此为契机，荷兰商人正式进军亚洲。为避免商人之间的过度竞争，1602年，荷兰商人创建了荷兰东印度公司，授予其从好望角到麦哲伦海峡的殖民权及贸易和军事的垄断权。急速发展的公司，凭借1万余名陆军及40至60艘战船，在短时间内夺取了葡萄牙的亚洲贸易圈。

荷兰东印度公司是世界上最早的股份制公司，成立之初的融资额即达到650万荷兰盾（其中，光阿姆斯特丹就占有约50%的股份，资本总额是英国东印度公司的10倍）。公司成立后赚取了巨额利益，原定3.5%的股东分红到了1606年已经惊人地飞升至75%。东印度公司是阿姆斯特丹证券交易所的标志性上市公司，仅六年时间，资本额就翻了4.6倍。

1600年，荷兰人的足迹开始延伸至日本，在平户与长崎建立了商行，从事中国生丝与日本白银的贸易，以此提高利润率。

荷兰东印度公司为了切断连接澳门与平户、长崎的葡萄牙贸易以及连接马尼拉与福建省沿岸的西班牙贸易，出兵侵略台湾海峡。1624年，公司占领了台湾，在南部小岛建立了热兰遮城，摧毁了葡萄牙的贸易网络。之后，荷兰东印度公司从中国沿海地区最大的走私集团郑芝龙集团手中批量采购生丝，垄断了对日贸易。

在美洲大陆，荷兰商人控制了巴西的砂糖流通部门。1621年设立的荷兰西印度公司，通过贿赂西班牙官员参与走私，牢牢掌控了美洲大陆的贸易，把位于哈德逊河河口曼哈顿岛上的新阿姆斯特丹（以后的纽约）建设成了毛皮贸易的据点城市。拥有世界头号海运力量的荷兰在17世纪上半叶迎来鼎盛时期，其贸易额占到了全世界总贸易额的一半。

沃勒斯坦认为，在白银减产、欧洲经济不断收缩的“17世纪危机”时代，大西洋体系的凝聚性得到提升，荷兰则确立了霸权国家（1625年—1675年）的地位。

这一时期，集中于荷兰的财富不仅用于投资，也转向了投机，因此引发了世界历史上首次金融泡沫的发生——“郁金香泡沫事件”。当时，荷兰流行改良原产于奥斯曼帝国的郁金香球茎，而这一潮流逐渐使郁金香转变为投机对象。球茎的价格飞速上涨，最高级的球茎甚至能够买下一栋房子还绰绰有余。到了1637年，球茎的价格突然一泻千里，郁金香泡沫破灭，许多人因此遭受了惨痛损失。荷兰通过资金循环寻求最大利润的资本活动，进入了扩大各种空间的时代。

第六节 转型为首个海洋国家的英国

克伦威尔攻陷荷兰

比葡萄牙晚一百多年进军海洋的英国最终继承了海洋世界。卡尔·施密特认为英国向海洋大国的转变是一场全球规模的空间革命。他提到:“德国、荷兰、挪威、丹麦的海员和航海家们在海洋上冒险取得的业绩和壮举，最终成就了英国对全球海洋的霸权。虽然欧洲其他民族的庞大殖民帝国仍旧存续着，葡萄牙和西班牙也攫取了巨额的海外财产，但他们丧失了对海洋的统治以及与之相关的海上交通网络。当克伦威尔于1655年占领并控制牙买加时，英国关于世界诸大洋的总体政治构想以及对于西班牙的海外优势已经变得相当明晰了。”

终生未嫁的伊丽莎白女王逝世后，都铎王朝（1458年—1603年）也随之终结。来自苏格兰、主张君权神授的詹姆斯一世（1603年—1625年在位）即位成为新的国王，由此开创了斯图亚特王朝。詹姆斯执政期间与议会的矛盾十分尖锐，继任的查理一世（1625年—1649年在位）更是因暴政而在议会上受到了乡绅的一致批判。为此，查理一世使用武力镇压议会，从而导致内战爆发。

内战中，议会阵营的克伦威尔（1599年—1658年）组织了以清教徒为主的铁骑军，强大的宗教凝聚力帮助铁骑军取得了胜利，议会在国王被当众处决后确立了共和政权，史称“清教徒革命”。

成为独裁者的克伦威尔依然在议会毫无立足之地，为了维系统治阶层对他的支持，克伦威尔先后攻占了苏格兰、爱尔兰与牙买加岛。另外，他还在1651年制定了《航海条例》，规定凡是涉及英国货物的海上运输，必须由英国船只或商品生产国的船只运送。这一条例将矛头直指依赖对外转口贸易的荷兰，于是英国与荷兰之间爆发了三次英荷战争（1652年—1654年、1665年—1667年、1672年—1674年）。英国凭借雄厚的海军实力强行拉升了本国经济。1657年，英国东印度公司被授予皇家特许状，取得永久特权。

克伦威尔就任护国公（军政的最高官职），建立了军事独裁统治。在他死后，保守派势力重新掌权。1660年，议会以尊重议会为前提条件，召回逃亡大陆的王族，复辟君主制。但是，由于之后继位的国王拒绝配合议会，所以1688年议会又废黜国王，扶植国王的女儿玛丽（玛丽二世，1689年—1694年在位）登上了王位，与其夫婿——新教教徒荷兰总督威廉（威廉三世，1689年—1702年在位）实行共治。前任国王被迫逃亡，这一场未曾流血的非暴力政变被称为“光荣革命”。新登基的国王颁布《权利法案》，奠定了英国君主立宪政体的理论和法律基础。

君主复辟时代，是英国的商业革命时代，为了抗衡发达的荷兰，英国依靠军事实力保护本国商业的发展，积极建设推进经济发展的财政体系，旨在超越“商业国家”荷兰。关于英国发展的资本主义，将在下一章进行详细介绍。

英国发行国债支撑海洋活动

大航海时代之后的“主权国家时代”（也称“绝对主义时代”），战争此起彼伏，在17世纪的欧洲，各国为筹措战争军费而不断增税。国王采取重商主义政策致力于积累财富、增加税费，并通过在战争时分配战利品的方法筹措资金，剩下的不足部分则暂向商人借钱填补。但即便这样，军费依然告急。

以海军维系大西洋制海权的英国国王多次违约失信，欠债不还。不过，光荣革命后颁布的《权利法案》则遏制了这种行为。当时，英国围绕王位继承问题与法国爆发了战争，期间统治法国的是路易十四（1643年—1715年在位）。为此，威廉三世以高息向商人举债负担战争支出。1692年，议会通过了与

“国债”相关的法律，宣布由议会负责偿还国家债务。

也就是说，英国从“国王举债时代”转变成“议会举债时代”。议会新增酒税，以税收为担保发行了年利率10%的国债。此后，议会每次发行国债一定会有利息支付，同时还增设了各种印花税。

为了让国民购买国债，财务大臣哈利设立了南海公司。政府授权南海公司可以发行与所认购的国债相同额度的股票。于是英国的民众就认为，南海公司的股票等于国债的价值，并且受到政府保护，一定稳赚不赔。股价在公众的热切追捧下，仅半年时间就拉升了两倍。

但是，南海公司的实际经营状况却漏洞百出。这一真相被揭穿后，感到不安的投资家纷纷卖出股票，股票泡沫骤然破灭，这就是“南海泡沫事件”。许多投资家因此血本无归，连发现万有引力的著名物理学家牛顿也损失了2万英镑。

到了1750年左右，英国整理了现存的国债，发行了无到期期限、年利率为3%的永久债券（也称“统一公债”），国债价格开始趋于稳定，人们可以在金融市场买卖国债。因此英国在短时间内筹集了军费，取得对法战争的优势。英国可以说是依靠庞大的贷款建立起的殖民帝国。

从海盗蜕变为正规海军

英国把由官方授予合法地位的海盗船培养成了正规海军，国力因此日益强盛，英国也从“海盗之国”顺利蜕变为海洋帝国。1532年，亨利八世打造了海军常备军，继1510年建造配备了侧舷炮的“玛丽玫瑰号”之后，又接连造了许多军舰。海洋帝国英国自此现身。

英国的战舰都装载了重型加农炮，拥有相同的速度和航行能力。舰队的所有战斗舰保持一线队列、一同发射侧舷炮的战术在当时可谓所向披靡。英国借助海军走在形成“大世界”的最前列，构建了与统治领土的陆地体系截然不同的自由贸易规则。

1600年，英国创建东印度公司进军亚洲。1623年，英国在因安波那屠杀事件被荷兰赶出马鲁古群岛后，把贸易中心转向了印度。随着贸易规模的扩大，荷兰的香料贸易陷入瓶颈，反而是从北印度进口木棉制品、靛蓝染料的英国贸易得到了发展，这着实是一个非常讽刺的结果。

1652年，英国以荷兰船舶未对英国军舰表示敬意为由向荷兰宣战，第一次英荷战争爆发。对于一心求战的英国而言，任何借口都可以用来发动战争。英荷战争一共爆发了三次，在第二、第三次战争中，荷兰还得同时应付想要趁乱入侵的法国陆军。

在一系列的战争中，实现独立后裁减军备的荷兰败给了不断扩张军备的英军，并因法国陆军的趁乱侵略而损耗了大量国力。虽然勉强维持了国家的独立性，但荷兰的颓势已无可避免，取而代之的是海洋帝国英国与陆地帝国法国，这是欧洲内部的霸权转移。到了18世纪，英国的贸易总额已经比上个世纪增长了一倍。

17世纪下半叶，莫卧儿帝国因伊斯兰化政策失败而面临分崩离析的境地。1757年，英国东印度公司在普拉西战役中获胜，取得了孟加拉州的征税权，印度开始沦为英国的殖民地，用了一个多世纪的时间，英国终于吞并了印度。

课税问题挫败了英国建设“大西洋帝国”的目标

16世纪末，提出“谁主宰了海洋，谁就主宰了世界”的沃尔特·雷利开拓了以童贞女王伊丽莎白一世的称号来命名的殖民地维吉尼亚州。此后，英国在北美的西属殖民地周边地区加快了殖民扩张的步伐。在北美大西洋沿岸建立农业殖民地的英国为了与当地的土著进行毛皮贸易，和享有加拿大至密西西比河河口（新法国殖民地）统治权的法国围绕海狸毛皮贸易展开了资源争夺战。

英国在地理位置上偏离欧洲大陆，岛国的属性使英国与同为临海国家的荷兰、法国有很大不同。由于不必太过担心来自陆地的侵略，所以英国对陆军的需求较低，所以大量军费都被投向了海军。正因如此，英国的海军实力在欧洲首屈一指。当在远离欧洲的殖民地作战时，海上物资补给就成了制胜关键，英国的优势就是依靠强大的海军实力维系至关重要的军需补给线。

海洋帝国英国与陆地帝国法国都把侵略目标瞄准了北美及印度，两国在17、18世纪围绕殖民地霸权展开了长期的战争，史称“第二次百年战争”。其间，英国在印第安人战争（1756年—1763年）中获胜，并于1763年签订《巴黎和约》，从法国手里取得加拿大与密西西比河以东的路易斯安那，从西班牙手里取得了佛罗里达，由此确立了在美洲的霸权地位，拥有了可与西班牙匹敌的海外殖民地。

除了北美地区，英国在印度也占尽优势，并且在西印度群岛和西非建立了商业据点。当英国取代荷兰确立了海洋世界的霸权地位后，雄心勃勃的英国的下一个目标就是建立跨大西洋的帝国，即由北美殖民地与宗主国组成的大英第一帝国。

然而，英国建设大西洋帝国的目标却彻底失败了。当时英国决定在殖民地实行与宗主国相同的赋税政策，遭到了殖民地人民的强烈反抗。长期的纷争最终导致了美国独立战争的爆发。英国统治北美的梦想在20年间就破灭了，同时还尽数失去了规模仅次于西班牙的广阔的北美殖民地。独立战争结束后，英属殖民地只剩下了加拿大，因为那里居住着效忠于英国国王的国王派殖民者。

第七章
与大西洋空间密不可分的工业革命与资产阶级革命

第一节 甘蔗种植园与资本主义经济

大西洋孕育了资本主义

在以陆地为中心展开的欧亚“小世界”，对农田与农民的支配是社会的基础，农田的扩大带来的大范围空间统治是财富的源泉。在欧亚空间的商贸活动中，虽然也存在游牧民与农耕民的日常交易，但奢侈品交易的占比较高，并没有瓦解以统治农田为基础的经济体系。

与此相对，大西洋区域由于有辽阔的海洋挡在最中间，所以促使人们追求以买卖货物获得财富为主要途径的重商主义。最终，荷兰与英国在大西洋空间确立并形成了资本主义。

经济史学家沃勒斯坦认为大西洋空间能形成近代世界体系的理由是：①单一的政治体系使各地间没有明显的界限，多个政治实体可以并存；②容纳了众多文化与人类集团；③有效的分工等。有这些特征的经济世界响应了人民的需求，同时生活必需品的交换也在广泛区域内深化了分工关系。这与政治优先的欧亚大陆完全不同。寒冷的欧洲与包含亚热带和热带的美洲、西非之间的互补关系也发挥了有效作用。

资本选择了日用品砂糖

资本主义始于农业。17世纪以后，广泛建设于加勒比海域的种植园带动了资本主义的发展。这里的种植园是指在热带、亚热带的广袤土地上投入大量资本，使用黑奴、土著等廉价劳动力大规模种植单一农作物的农业经营模式。

随着欧洲对砂糖需求量的持续增长，甘蔗种植园的利润也水涨船高。因此，种植园主为了快速增加砂糖产量，购入了大批奴隶、农具、种子以及砂糖精炼设备。

在加勒比海域，西班牙人传入的水痘、流感大肆流行，土著几近灭绝，因此种植园主开始奴役非洲黑奴作为劳动力。可以说在这一时期，将劳动力商品化的现象已经出现。

1625年，英国人占领了位于小安列斯群岛的巴巴多斯岛，当时这里还是无人岛。他们从荷兰人那里学习了种植甘蔗的技术，奴役黑人经营甘蔗种植园。1655年，清教徒革命的核心人物克伦威尔派出军队攻下面积约为巴巴多斯岛26倍的牙买加岛，一举扩大了甘蔗种植园的规模。18世纪下半叶，牙买加岛成为了世界最大的砂糖产地。

17世纪末，法国夺得占据西属伊斯帕尼奥拉岛三分之一面积的圣多明（现在的海地），也开始种植甘蔗。甘蔗种植园的普及，加速了资本主义的发展。现在，全球砂糖的年产量已高达1.8亿吨。

结合砂糖和奴隶的新空间

18世纪，大西洋贸易的主要商品是“白货”（砂糖）与“黑货”（黑奴），这两种商品是大西洋三角贸易的重中之重。

欧洲商船用了大概两个月的时间，像一笔画般围绕大西洋航行了一圈，借助加那利寒流前往西非购买黑奴，接着来到西印度群岛用黑奴交换砂糖、棉花等，最后再顺着墨西哥湾暖流与偏西风返回欧洲，卖出砂糖与棉花。这样的一次航行至少可以赚回本金两倍的利润，运气好的时候甚至能收获七八倍的利润。

加勒比海域的土著人口因天花的传染而大幅锐减，劳动力严重不足。所以种植园主只好以货币购买黑奴补足劳动力，增产砂糖，也就是说，奴隶贸易是砂糖生产的前提。与欧亚大陆自给自足的农业不同，在甘蔗种植园，黑奴、黑奴所需的粮食、农场设备、农具、砂糖精炼工厂、风车等都以商品的形式被购入，砂糖也作为商品被卖出，所有一切都受货币驱动。这种为牟取最大利润、用货币购入商品再施以生产加工后卖出的过程即是资本主义，资本逐渐成为了第四次空间革命的推动力。

咖啡、红茶进军餐桌的背景

砂糖的消费量逐步提高，成为欧洲的日常调味品。以英国为例，1600年，英国的人均砂糖消费量在400~500克之间，到了17世纪增至约2千克，18世纪增至约7千克，可见砂糖已经深入了人们的日常生活。但是，如果此时不去进一步挖掘新的商品欲望，砂糖的前景依然岌岌可危。因此，相关产业的人们把伊斯兰世界的咖啡、中国的红茶、新大陆的可可（巧克力）等搭配砂糖端上了餐桌。人们普遍认为，咖啡、红茶、可可都应加入砂糖后饮用。

进入17世纪后，以砂糖为中心的产品线出现了，与砂糖共存的嗜好品文化发展壮大，种植园的规模也进一步得到了扩大。

这一时期，欧洲盛行源自埃塞俄比亚的“浓香”饮品——咖啡。荷兰和英国商人大量采购阿拉伯半岛南部的摩卡所烘焙的咖啡豆，并将其带入欧洲。1650年，犹太人在牛津开设了英国的第一家咖啡馆，之后，咖啡馆作为市民用来社交或点评政治的场所得到了迅速推广。18世纪初，伦敦的咖啡馆数量据说已经多达2000~3000间。

随着咖啡需求量的日益增长，嗅到商机的荷兰商人买来了会发芽的咖啡豆，于是开始在爪哇岛、锡兰岛栽种咖啡，以产地直送的廉价咖啡豆击败了英国商人。在咖啡竞争中失败的英国东印度公司不得不把目光投向红茶，于是东印度公司从清朝购入了大量茶叶（红茶），着手培养红茶文化圈。

17世纪末，英国每年的红茶进口量约为2万磅，到了18世纪20年代已经翻了20倍达到40万镑，50年代则比17世纪末提高120倍，达到250万磅。在英国，普罗大众也会在从东亚进口的红茶中撒上产自加勒比海域的砂糖饮用。

阿兹特克帝国的可可曾一度被西班牙贵族当作药用饮品。19世纪上半叶，阿姆斯特丹商人卡帕斯·梵·豪登（1770年—1858年）发明了去除可可多余脂肪含量的技术，使其变得美味可口，成为普通饮料，广为流传。19世纪中叶，英国把它推广到了美洲。

像这样，砂糖携咖啡、红茶、可可打造了新的嗜好品文化。欧洲人摆放在餐桌上的咖啡、红茶、可可和砂糖可以说象征了结合欧洲、美洲、亚洲的资本主义经济。众所周知，这些产品在今天已经完全国际化。现在的砂糖产量无比庞大，被广泛用于软饮料、零食小吃、加工食品等，可以说资本主义随着砂糖的普及从大西洋空间扩展至全世界。

维持砂糖增产的奴隶贸易

甘蔗在亚热带全年都能种植，生长期约为一年半。种植园主只要合理安排种植时间，即能全年持续不断地收获甘蔗，这对于经济作物而言是十分利好的特点。但是，甘蔗的一大问题是其甜度在被收割的72小时后就会下降一半。因此，生产商必须在农场近处建造砂糖精炼设备，对甘蔗进行榨取、浓缩、净化、结晶化、封装成桶的一系列操作，收割与制糖都需要大量的劳动力。

根据1774年牙买加岛的人口普查显示，岛上的甘蔗种植园每家平均拥有151名黑奴和95头牲畜，基本是“有砂糖的地方就有奴隶”。在种植园，100个左右的劳动力一年就能产出80吨砂糖。巴巴多斯岛的一名英国人在1645年所写的信件中提到，黑奴只要劳作一年半，种植园主就能赚回成本。

奴隶商人成功航海一次就可获得10倍利润。18世纪，奴隶贸易由利物浦、布里斯托尔等地的奴隶商人主导。英国的奴隶商人为降低运输成本，总是超倍运载，把奴隶尽可能多地塞进船舱，从而将其他国家的奴隶商人远远甩在了身后。他们仅仅用两三镑购入奴隶，然后再以25到30镑的价格卖出，赚取巨额差价。不过，由于遭受了非人的待遇，三分之一的黑奴都死在了运送路程上。

15世纪末至19世纪下半叶间的400年，超过1000万黑奴被奴隶商人从非洲运至美洲大陆。其中，巴西等南美地区占到了五成，加勒比海域占四成多，北美只占了不到一成。

英国奴隶商人通过奴隶贸易赚得盆满钵满，这笔财富也成为了英国经济腾飞的动力。但到了18世纪末，欧洲兴起废奴运动，英国于1807年制定了《废除奴隶贸易法案》，规定贩奴在大英帝国境内为非法行为，并实施向英国奴隶船征收每一个奴隶100英镑的罚金。1827年，法案进一步加强了惩罚力度，规定只要参与奴隶贸易，即被判处死刑。1833年，英国通过废奴法案，宣布在所有殖民地内废除奴隶制。工业革命时期，废除违反人道主义的奴隶制的进程大幅推进，法国在1848年将奴隶制废除。

第二节 工业革命与第五次空间革命

大西洋市场爆发棉布购买热

18世纪中叶，和急速上升的砂糖生产及奴隶贸易相比，欧洲的毛织物出口几乎处于停滞状态，贸易平衡因此被打破。为了弥补出口产品的不足，英国东印度公司把产自印度、有良好吸湿性的棉布（calico，印花棉布）带入了大西洋市场。正如公司所预期的那样，棉布大受欢迎，销量成倍上升，成为了大西洋贸易的明星产品。

但是，仅转卖印度制造的棉布赚取的利益并没有充足的提升空间。因此，商人在西印度群岛建立了棉花种植园，应用英国的传统毛织物技术生产棉布。从1750年到1770年，西印度群岛向英国出口的棉花量增长了10倍，棉布业得到了飞速发展。

商人把黑奴在加勒比海地区生产的棉花运回国内，然后运用现有的毛织物技术进行加工。专门加工棉花的棉布工厂相当于甘蔗种植园附设的砂糖精炼工厂，建立于奴隶贸易港口利物浦的腹地。英国的棉布业沿袭了砂糖的生产流通过程，由黑奴生产原料棉花，再经大西洋三角进行贸易贩卖。

当时，英国在农村展开了大规模的廉价毛织物生产活动。农村的农业与手工业并无具体分工，城市商人发起毛织物委托时需预支农民手工业者生产工具与原料，这种制度有了现在的“批发”的意味。18世纪50年代，80多万农民在进行农耕作业的同时也从事毛织物生产。大西洋三角贸易结合了英国农村的传统生产体系与棉花种植园的生产体系，形成了工业革命的前提条件。

从纺织工程开始的工业革命

在棉纺织业初期，需要由四至六名纺线工为一名织布工手工捻棉纱。虽然栽种原棉的种植园、应用毛织物技术的织布工程都是现成的，棉布生产也很快就走上了轨道，但缺乏效率的纺线工序却是一个很大的瓶颈。于是，纺织工程开始导入了机械生产。

18世纪60年代，棉纺织业应用了约翰·凯伊（1704年—约1764年）在1733年发明的织布工具“飞梭”，将织布的效率提升了一倍。这一发明让棉纱陷入了供不应求的状态，“棉纱荒”出现了。为此，从业人员以高额奖金向社会各界征求新的生产工具与技术，众多发明爱好者绞尽脑汁地想出了多种工具和机械方案。

纺织工兼木工的哈格里夫斯（？—1778年）、假发制造商阿克莱特（1732年—1792年）、织布工克朗普顿（1753年—1827年）等人不断改良工具、发明器械。虽然一开始只是改善既存的生产工具，但不久后人们就发明了动力驱动的机器，生产场地也从小作坊转移到了大型工厂。企业家为了牟取更多的利润，再三简化生产流程以提高效率，并雇佣廉价劳动力（最开始是女性与儿童）进行批量生产。

1769年，发明水力纺纱机的阿克莱特成为新晋企业家。他幼年家境贫困，直到50岁才开始学习拼写法，为人十分勤奋刻苦。阿克莱特申请了水力纺纱机以水车同时转动数千纺锤的专利，并开设多家纺织工厂，赚取了大量财富。1783年，阿克莱特持有的14年专利有效期到期，其他企业家也陆续投入经营配备水力纺纱机的纺织工厂。

但是，水车驱动的水力纺纱机必须设立在水流湍急的山麓地带。为了节省经费，工厂的理想选址应在装运口岸的附近。也就是说，人们迫切需要能在平地驱动水力纺织机的新能源。

瓦特的蒸汽机与化石燃料的循环

响应新能源需求的是苏格兰格拉斯哥大学的实验道具修理员瓦特（1736年—1819年）。瓦特虽然手艺精湛，但却苦于没有门路，无法跻身机械制造师的行列，只好退而求其次地在大学修理实验道具。他联想到可以把用于煤矿排水的蒸汽机作为水力纺织机的动力，并着手开始改良。用于煤矿排水的蒸汽机是发明家汤姆斯·牛考门（1664年—1729年）创造的，1780年前后，约有1000台牛考门蒸汽机被运用于实际作业中。不过这种蒸汽机的效率非常低，需不分昼夜地开动机器，汲干煤矿坑道里的地下水，得消耗所挖煤矿的40%，非常浪费。

瓦特发现了蒸汽机的症结所在，发明了装在气缸上的冷凝器，大幅提升了效率。他将蒸汽机小型化，利用行星齿轮联动装置，把蒸汽机的直线往返运动变为齿轮的旋转运动。1781年，瓦特成功研制出了回旋式蒸汽机，驱动水力纺纱机的小型蒸汽机正式问世。瓦特的这种小型蒸汽机具有泛用性，可以成为一切机械的动力。

棉纱的生产量得到大幅提高后，纺织工人不足的问题又浮上水面。对此，英国国教会牧师卡特赖特（1743年—1823年）在1785年发明了以蒸汽机驱动的织布机，于是手工织布的工序也被机器所取代。

棉纺织业生产流程的全面机械化降低了棉布价格，19世纪50年代的棉布出口额已占据英国出口贸易额的三分之一。

机械与蒸汽机的结合始于棉布业，这两者的结合成为了在“大世界”引发第五次空间革命的原动力。19世纪上半叶，蒸汽机被广泛运用于冶铁业、机械工业等，所有工业领域都普及了机械生产工厂。发生于英国的工业革命，并没有国家的介入，完全依靠民间的经济活动，这和欧亚大陆的帝国及主权国家有本质区别，资本不断创造出新的生产体系。

蒸汽机重组的广域空间

瓦特蒸汽机的普及拉开了化石燃料时代的序幕。1700年的煤炭生产量是300万吨，到了1850年则翻了20倍，达到6000万吨。

长眠于地下的煤炭成为了动力源，机械批量生产工业制品，支撑工业城市的成长，来自于往昔的太阳能源的煤炭孕育了区别于大自然的另一个大规模经济循环系统。众多劳动人民集聚于狭小的城市空间，通过以蒸汽为动力的机械，集约而有效率地生产制造大量商品。

工业革命让城市变为凌驾于农村的生产场所，接二连三地解放了人类的欲望。急速成长的工业城市与种植园支撑的“大世界”，让资本无止境地膨胀扩大。城市的生产需要原料和市场，于是“大世界”从南、北美洲迅速扩张至亚洲。膨胀的资本推动了空间革命，让资本主义经济超越了大西洋的边界。后文提到的以小型蒸汽机为动力的铁路、蒸汽船更是强有力地支撑了空间革命的发展。19世纪以后，世界人口急剧上升，能源消费量的增长幅度也与人口完全一致。

工厂的工作岗位集中了城市周边的农村过剩人口。此外，英国还出现了许多吸收农村过剩人口的新场所。在工业革命时期的英国农村，地主（贵族）出租土地给农场主，农场主再雇佣工人劳作的近代农业经营模式逐渐固定下来，大批贫农因此被赶出农田。并且，谷物的商品化也助长了这种倾向。城市吸收了这些没落的农民与过剩人口，在取得发展的同时也扩大了工业资本家与劳动人民的贫富差距。英国的人口不断向城市转移，1900年，国家总人口的近80%都在城市生活。

19世纪50年代，工业革命走上轨道，各国城市人口也在此时加速膨胀。19世纪60年代中期，英、法、德、美四国的工业生产总量占据了世界总量的65%，这四个国家也正是第五次空间革命的主要力量。

其中，英国在19世纪取得“世界工厂”的地位，占有绝对优势。政府实行的自由贸易政策把英国的工业品市场从大西洋世界扩展至亚洲，世界进入了史称“不列颠治世”的繁荣时代。

第三节 环绕地球而动的道路

控制陆地与海洋的新式网络

从全世界集中原料，经过工业加工后再对外出售的城市，必须具备充足的物流运输条件。城市的工业生产越是蒸蒸日上，支撑经济的新“空间革命”就越是重要。在资本促进的第五次空间革命中，主要力量是铁路与稍晚于铁路出现的蒸汽轮船。以伦敦与曼彻斯特之间的路程为例，在工业革命之前的18世纪50年代，乘坐马车需花费三天多，到了1830年则缩短为不到20小时，而在铁路完工后的1850年左右，单程仅需6小时即可到达。

城市需要运送煤炭、原料、劳动力和大批产品，为此，人们普及了铁路与蒸汽轮船。这里的铁路是用装有小型蒸汽机的平板车牵引货车行进的道路，蒸汽轮船则是用蒸汽机带动明轮转动而产生推进力的船舶。交通革命是第五次空间革命的中流砥柱，19世纪30年代以后的铁路网和19世纪70年代以后的蒸汽轮船网在全球范围内广泛建立。以煤炭为能源的铁路网与蒸汽轮船网彻底取代了借助动物力量的运送方式，陆地与海洋通过化石燃料结为一体。此前，海上的男人们依靠技术与体力维系的交通网络也完全被机器所替代。

1873年，法国小说家儒勒·凡尔纳（1828年—1905年）的代表作《八十天环游世界》也反映出铁路与蒸汽轮船引起的空间革命对人类意识与生活所产生的重大影响。一系列的交通革命与后文将提到的海底通信电缆，让人们心中原本广阔无垠的地球面积一下子变小了。日新月异的“空间革命”持续在全球范围内发酵，这是过往的世界历史上不曾有过的。传统的欧亚空间，也被逐渐吸收进“大世界”的膨胀资本之中。

在世界各地广受欢迎的铁路

伴随工业城市的蓬勃发展，新的时代也翩然而至，这一时代借助蒸汽驱动的铁路与蒸汽轮船缔造了高速而稳定的网络，把各地连接在了一起。以欧洲人为主力的“空间革命”在短期内替代了最早在欧亚大陆由马等其他动物力量长年形成的网络，世界面貌因此焕然一新。

1825年，斯蒂芬孙（1781年—1848年）制造的蒸汽机车牵引35辆客车与货车，以时速18公里行驶于斯托克顿与达灵顿两个城市之间，从位于内陆的达勒姆郡的煤田运输煤炭至海岸地区。

紧接着在1830年，相距51公里的利物浦和曼彻斯特之间也建成了能够让此车达到时速40公里的铁路，这是世界上第一条载人商运铁路。利物浦—曼彻斯特的铁道路线广受民众欢迎，开通三年后，每日平均运载量达到1100人次，在运送货物方面也十分顺利。利物浦—曼彻斯特铁路不仅清偿了来自国库的借款，还向股东分配了高达9.8%的红利。当时有一个著名女演员乘坐这列火车后发表感想说:“简直是飞一般的速度。”可见对当时的人们而言，时速40公里已经是超乎想象的速度了。

铁路经营的成功刺激了资本源源不断地投入铁道建设。英国举国上下被铁路投机的狂潮所包围，人们加快了推进铁路的建设进程。19世纪50年代初，英国的铁路网覆盖了全境，形成以伦敦为中心向外发散的线路。铁路总长从1845年的3277公里达到1855年的13411公里，10年增长了4倍。

铁路建设的浪潮从英国波及整个欧洲大陆，对各国国内统一市场、形成国民国家起到了重要作用。以德国为例，1835年，德国在纽伦堡到菲尔特的7公里路程上开通了第一条铁路，紧接着柏林—波茨坦、莱比锡—德累斯顿、慕尼黑—奥格斯堡也开始加紧筹备铁路建设。到了1850年，德国拥有了仅次于英国的密集铁路网。德国速成的铁路建设依靠对成本的控制，总建设费用只有英国的35%左右。

殖民地也迅速发展了从内陆向港口运输商品的轻型铁路，

用于把各类物产从港口城市送往欧洲，再把欧洲的工业制品运回内陆地区。密集的铁路网极大地加强了欧洲列强对殖民地的掠夺。例如英国早在19世纪40年代就在印度成立了铁路公司，1853年决定了基本建设框架，从19世纪60年代开始大兴建设。1902年，印度的铁路总里程达到42000公里，超过了宗主国英国国内的37000公里。不过，印度铁路主要用于输出资源，是以宗主国英国的需求为主而建设的“畸形”铁路，所以在发展上并不均衡，而关于蒸汽轮船缔造的海洋交通网络，将在后文再作详述。

铁路出口与不列颠治世

19世纪下半叶，铁路网扩张至全球，为欧洲支配亚洲、非洲和美洲准备了充分的物质条件。比较世界各地1860年与1900年的铁路铺设总里程可以发现，欧洲在这一期间增长了5倍，北美为6.5倍，拉丁美洲为66.3倍，亚洲是41.4倍，非洲则是36倍。可见在19世纪下半叶，边缘地区兴建铁路的势头十分迅猛，这也表现出铁路对“空间革命”的促进作用，它扩张了以欧洲为中心的“大世界”。

铁路建设与20世纪的公路建设相同，是全球范围的基础设施工程，涉及方方面面。随着铁路建设的全面铺开，英国以提供钢材、蒸汽机车、列车、车站、隧道、铁桥的形式，出口了大量铁和机器，从棉纺织业国家蜕变为“世界工厂”，迎来了“不列颠治世”的时代。

19世纪50年代，英国铁产量的近40%都出口至海外。在全世界大兴铁路建设的形势下，技术、器材方面都处于领先地位的英国工业占据了先发优势。英国不仅达成了飞速的经济发展，还利用铁路扩大了全球的殖民地与势力范围，转型为世界史上首个海洋国家。19世纪末，只占世界人口2%的英国支配了超过五分之一的世界土地与四分之一的世界人口。

第四节 大西洋沿岸的国民国家

从主权国家转变为国民国家

18世纪下半叶到19世纪，大西洋沿岸逐渐形成了匹配资本主义与“大世界”的新型政治体系。分布于大西洋两岸的南北美洲与欧洲发生的政治变动也被称作“大西洋革命”。大西洋革命促进了国民国家的形成，国王不再是国家元首，国家的核心是代表国民的议会团体。

在过去欧亚大陆的“小世界”，皇帝或国王是不可或缺的存在，拥有宗教权威的君主天生被赋予了统治的权力。简单来说，“nation”（以各种形式凝聚在一起的族群）与“state”（实现统治的权力机关）相互分离，“state”曾专属于神明遴选的皇帝、国王。之后，“nation”因资本主义的发展而壮大了力量，通过代表国民的议会掌控了“state”，这一政治变革即是“资产阶级革命”。变化起始于英国的十三个殖民地，并影响到大西洋沿岸的其他国家。

在18世纪下半叶到19世纪的大西洋空间，基于国民主权的理念，根据议会制定的法律来统治的国民国家取代了过去的封建王朝。长久以来“公（state）”“私（皇帝、国王的私生活）”不分的随性支配被推翻，通过民主主义解释权力基础的体系从大西洋沿岸扩展至欧洲。国民国家制约权力对资本活动的恣意干涉，同时也有效地防止了资本失控，发挥出了调整资本与国民间利害关系的作用。

在欧洲，教皇与皇帝为建立帝国而发生斗争，但却没能实现目标，反而被宗教改革削弱了权力。1648年，《威斯特伐利亚和约》签订后，以君权神授理论为基础的主权国家得到了普遍承认。

民众深信，国王是神在人世的代理人，拥有统治一定领域的权力。国王在加冕仪式上接受大主教的“涂油礼”，以此表现王位的正统性与神圣性，人们甚至认为通过这一仪式能够获得治愈疾病的神奇力量。实际上也有历史记录显示，法国路易十四曾在教会节日为病人治疗。18世纪下半叶，美洲首先出现了以代表国民的议会为政治中心的国家，法国大革命以后，欧洲也陆续建立了议会制国家。

政治改革（资产阶级革命）与工业革命几乎在同一时期发生，两场革命综合形成的体系与各地的传统融合并发生变化，在促进资本活动的同时也扩充了“大世界”。

变得讨厌红茶的美国人

美洲的独立战争诞生了首个国民国家，这场战争的导火索是“波士顿倾茶事件”。

英国取得法国—印第安人战争的胜利后，确立了在北美的霸权地位，开始对殖民地进行英国化。这场较量让英国背上了1.3亿英镑的赤字国债，为了偿还巨额欠款，英国将国内的印花税等一系列商品税照搬至殖民地。但是，殖民地主张“无代表不纳税”。

在这样的局面下，1773年，英国政府颁布茶叶法，让东印度公司垄断了北美殖民地的红茶贸易。这引起了波士顿依靠走私红茶牟利的当地商人与激进派的强烈不满，抗议运动愈演愈烈。

1773年12月，当东印度公司满载茶叶的船舶进入波士顿港口后，扮成印第安人的50名激进派高喊着“把波士顿港口变成茶壶”的口号，将342箱红茶茶叶全部倒入海中，给东印度公司造成了100万美元的损失。据说事件发生时，普通市民聚集在四周冷眼旁观，波士顿倾茶事件最终点燃了美洲独立战争，在大西洋世界普及了国民国家。

事件发生后，英国为维持秩序派英军进驻殖民地，导致两边的关系更加剑拔弩张。1775年，在波士顿郊外的莱克星顿与康科德，殖民地民兵与英军发生了武力冲突，独立战争正式爆发。

在这一时期，英裔作家托马斯·潘恩（1737年—1809年）撰写了宣扬独立之必要性的《常识》一书，大卖12万本，极大地鼓舞了民众的独立情绪，连1776年颁布的《独立宣言》也引用了书中的语句。独立宣言的理论基础是英国政治思想学家约翰·洛克（1632年—1704年）宣扬的“社会契约论”，即人民的基本人权高于政府公权，而国家之正当权力是经被治理者的同意而产生的。也就是说，当政府行使不当的权力时，人民有权反抗并发动革命，独立宣言以此力陈殖民地独立的合法性和正义性。宗主国英国与殖民地的经济纷争由此演变为基于新政治思想的独立战争。

独立战争的口号是保护殖民地人民的人权，推翻英国国王的专制暴政，这不仅是红茶转变为美式咖啡的过程，也是以人权与“主权在民”的思想为依据，形成一个在当时由国王与贵族掌权的欧洲社会所没有的新国家的过程。不过，“主权在民”的对象只有白人，黑人与土著都被排除在外，可以说美国的民主主义是局限于白人的民主主义。

想要借机削弱英国势力的法国、西班牙、荷兰相继对英宣战。欧洲各国家为反抗英国海上封锁而结成的武装中立同盟也在暗中协助美国。1781年，殖民地军队在约克敦战役中大胜英军，后于1783年签订《巴黎和约》实现了独立，脱离英国国王统治的美国成为了世界首个国民国家。1787年，美国通过了《美利坚合众国宪法》，1789年，华盛顿出任国家首位总统

（1789—1797年在任），美利坚合众国宣告成立。

紧随独立战争的法国大革命

由于英国执行重商主义政策，殖民地无权建立工厂，所以无法生产武器弹药的殖民地军在独立战争时期只得坚守苦战，幸而有法国波旁王朝（1589年—1792年）的从旁支援才艰难地取得了胜利。从独立战争后美国国内出售的威士忌名称“波旁”，就可以体会到当时美国人对波旁王朝的感激与热爱。其实波旁王朝之所以会帮助十三个殖民地独立，其目的是想恢复自己在北美的权力。不过讽刺的是，美国独立战争的胜利果实还不到十年就漂洋过海，点燃了位于“小世界”的法国的革命火星。西洋史在梳理资产阶级革命时首先提到的都是法国大革命，并没有遵照起始于大西洋空间的实际世界史历程。

波旁王朝因援助独立战争而债台高筑，再加上连续几年庄稼歉收，只好重新开始向支配了四成领土却享有免税权的贵族征税。贵族奋力抵抗这一政策，要求重启三级会议。该会议由法国三个等级的代表参加，不过自1614年起就被中断了。

时隔175年的三级会议在凡尔赛宫殿召开，与特权等级对立的第三等级自行组织了国民议会，在会上要求制定宪法，他们对封建等级制度爆发出了强烈的不满情绪。

路易十六（1774年—1792年在位）召集军队试图武力镇压

国民议会，听闻此消息的巴黎人民开始暴动，在1789年7月14日攻占了巴士底狱，拉开了法国大革命的序幕。同年8月，国民议会通过了以独立宣言为蓝本的法国人权宣言。该宣言的起草人拉法耶特（1757年—1834年）是法国自由主义贵族，曾作为志愿军参加了美国独立战争。

但是国王拒不承认人权宣言，并联通奥地利打击议会。几经周折后，1793年，路易十六被送上断头台公开处决，法国成为了欧洲历史上首个国民国家。

法国大革命中，新的国家组织吸收了传统的区域社会和社会集团，既得权益受到了各种形式的拥护。但是，为了追赶在经济上领先一步的英国，法国必须重新整合国民，实行国家改革。

对抗英国的拿破仑

1795年，法国成立督政府，大革命暂时平息。不过由于左右翼势力之间的冲突以及欧洲各国组建第一次反法联盟对抗革命后新兴的法国等因素，法国的政局变得非常动荡不安。

军人拿破仑（1769年—1821年）两次击败反法联盟，博得了人民的拥戴，他在1802年由首席执政官变为终身执政官，于1804年颁布《拿破仑法典》（《法国民法典》）建立新秩序，并通过同年的公民投票加冕称帝。拿破仑凭借卓越的军事才能，迫使整个欧洲接受新秩序。

出生于科西嘉岛的拿破仑性格内向，军官学校毕业的成绩也平淡无奇，在58人中排名第42，似乎是一名极为普通的青年。然而，在法国成立督政府前夕，拿破仑作为权威议员巴拉斯（1755年—1829年）的副官，平定了巴黎的王党叛乱，由此被破格提拔，站上了历史舞台。拿破仑实行征兵制组建军队，在1805年的奥斯特里茨战役（三皇之战）中率军击溃了俄奥联军，并在1806年瓦解了神圣罗马帝国，把位于德意志南部、西部的亲法国家组建成莱茵联邦（1806年—1813年）。之后拿破仑又拿下普鲁士，并颁布“大陆封锁令”（1806年—1813年），明令禁止所有欧洲大陆国家与英国的贸易往来，企图以经济封锁摧垮英国。英法两国在大西洋世界的冲突逐渐升级为欧洲大陆的战争，暂时取得胜利的拿破仑在全欧洲抵制英国商品，还获得七个王国、三十个公国的统治权，并在家族间分配权利。法国的国家利益与拿破仑一族的权势借革命之手得到了美化。

然而，拿破仑的军事力量却被西班牙人游击战的顽强抵抗及60万军队远征俄国的失败所削弱，他又在1813年败给了普鲁士、奥地利、俄罗斯联军，于翌年被流放到地中海的厄尔巴岛。

拿破仑的垮台意味着英国最终赢得了与法国的漫长战争。英国作为唯一的海洋国家，凭借工业、经济及政治优势维护了资本在全世界的利益，并全面推进了自由贸易。

“小欧洲”的逆袭与败北

1814年，在拿破仑被流放后，90个王国、53个公国为划分拿破仑帝国的领土，参加了由奥地利外交大臣梅特涅（1773年—1859年）主持的维也纳会议（1814年—1815年）。这是“小世界”欧洲对发源于大西洋世界的新体系的逆袭。欧洲原本属于欧亚大陆“小世界”的一部分，因此并不能把欧洲等同于“大世界”。

会上王公贵族云集，同为拿破仑的战败而欢声鼎沸，大大小小的宴会连轴转，正如评论这场会议的名言“大会不行动，大会在跳舞”所说，维也纳会议没能梳理清楚各国间的利害关系。察觉到这一局势的拿破仑，逃离厄尔巴岛重返巴黎，试图东山再起，却再次以失败告终。

惧怕拿破仑卷土重来的王公贵族调整了领土问题，在军事上结成英、俄、奥、普四国同盟（之后法国加入成为五国同盟）以及除英国、奥斯曼帝国、罗马教皇之外所有欧洲君主组成的神圣同盟，恢复了欧洲的封建君主体制，也即“维也纳体制”。

人的意识天生趋向保守，新体制总是难以尘埃落定。近、现代世界史因“海洋世界”与“陆地世界”的互相抗争而左右摇摆不定，维也纳体制的成立、动摇与瓦解的过程正是一个典型的例证。

19世纪20年代，英国由于拉丁美洲独立运动退出了五国同盟，维也纳体制因此发生动摇。1830年，七月革命推翻复辟的波旁王朝（1814年—1830年）。1848年，二月革命在法国建立共和国政权，激励了欧洲其他地区的革命运动。而维也纳体制也因这两场革命而彻底瓦解。此后，自由主义与民族主义的势头日益高涨，欧洲逐渐转变为国民国家（近代国家）分立的体制。

19世纪10至20年代，西属美洲殖民地受到美国独立战争的影响，在克里奥尔人（出生于美洲殖民地，但双亲是西班牙人）的领导下，爆发了一系列独立运动（克里奥尔民族起义），诞生了18个新兴国家。拉丁美洲各国脱离西班牙、葡萄牙的殖民统治宣布独立，采用并在大西洋沿岸普及了国民国家制度。当时欧亚大陆诸国仍维持着帝国制度，社会的基础是部族与各种共同体。而在大西洋沿岸，各国已通过议会制定的法律把多样的族群统合成了“国民”。

自由主义与民族主义培育的政治空间

民主主义的前提是人与政府之间的直接联系，是一种相互承认彼此人权的思想与制度。在残留浓厚“帝国”色彩、未能完全脱离部落与王朝结构的社会，民主主义实际上有名无实。尽管人们以自由主义的原则神圣化了国民国家，但实际上保守的意识形态还是以种种形式留存了下来。比起自由主义，大多数国家更想依靠民族主义统合国民。正如“nation”被翻译为“国家”“国民”一样，两者间的概念模糊不清，因为国民与传统的政治体系并不冲突。

19世纪下半叶，欧洲进入了加速形成国民国家的时代（国民主义时代），相比基本人权，各个国民国家强化了以民族为重的国家主义。这一理论依据来自生物学家达尔文（1809年—1882年）提出的“进化论”。生物界贯彻了物竞天择、弱肉强食的原则，不能适应环境的物种将被大自然淘汰。在此，进化论的“物种”被置换为“国家”“民族”应用于人类社会，从而产生了“社会进化论”，优胜劣汰的思想成为了各国富国强兵的依据。

国民国家的形成前提是统一四分五裂的民族。1861年，意大利在撒丁王国首相加富尔（1810年—1861年）的主导下实现了统一；普鲁士宰相俾斯麦（1815年—1898年）以铁血政策赢得了普奥战争与普法战争，统一了德意志帝国（1871年—1918年）。这两个国家的目的并不是建立代人民行使权力的政府，而是实现民族统一。这是因为富国强兵的前提就是将人民归结于一个政府之下。

面对欧美列强侵略东亚的行为，日本迅速领悟到相比传统的政治体系，国民国家体制拥有更大的优势。1868年，日本开启明治维新运动，逐渐转变为天皇制中央集权国家，并坚决实行了“文明开化”政策。

从19世纪到20世纪，欧洲列强以海洋国家英国与陆地帝国俄罗斯为两级，掀起向海外扩张殖民地的狂潮。欧洲各国认为自己是“文明的”“进步的”，而非基督教世界则是“未开化的”“野蛮的”“落后的”，从而把侵略美化成传播“文明”的正当行为。在第五次空间革命的背景下，欧洲凭借武力同化了世界文化。五个大陆被欧洲列强划分出国境与殖民地。这种强大国民国家对“世界空间”的瓜分，让人联想起过去帝国林立的欧亚大陆“小世界”。这就是欧美列强依仗军事力量把世界分割成殖民地与势力范围的“帝国主义时代”。

第八章
欧洲的膨胀

第一节 英国与新的国际金融制度

英国成为唯一的海洋国家

自大航海时代起的几个世纪，海洋空间促使欧洲发生了变化。其中，荷兰和英国把重心转向海洋，力求建立新的空间秩序。在陆地空间，帝国与主权国家可以瓜分土地获取各自的领土。但在海洋空间，基于国际法的公海自由原则，各国都极力避免特定国家把海洋作为领地来管辖。海洋空间作为全球经济的动脉和纽带，对所有国家开放。

在这样的背景下，英国立即将各社会体系与海洋联动，转型成为大西洋三角贸易的主力与经济国家。当大陆诸国还在围绕领土争权夺霸时，英国开始专注于对海洋的控制，采取了圆滑的外交政策，军事上也着重培养海军势力。不久，英国超越了荷兰，并在和法国的殖民地战争中取得了胜利，凭借工业革命晋升为海洋空间的霸主。卡尔·施密特概括这一局面为："英国以自己的方式占据世界各大洋，把全球空间革命的第一阶段收为囊中之物。"英国转型为海洋国家后，作为大航海时代空间革命的唯一继承人，取得了"大世界"的主导权。

从银转为金

对主张自由贸易、占据经济霸权地位的英国而言，建立一种全新的金融体系迫在眉睫。由于全世界绝大部分白银都已流入中国，所以英国只能以黄金替代白银，创造新的世界流通货币。于是，英国铸造了索维林金币，实行金本位制（gold standard）。在这一时期，"小世界"想要加入"大世界"，就必须用白银兑换由英国主宰的"黄金"。

金本位制需要充足的黄金，而大航海时代后开拓的巴西、加利福尼亚、加拿大、澳大利亚及南非等地陆续掀起的"淘金热"正好与英国的预谋相契合。被幸运女神眷顾的英国收获了大量黄金，成功将欧亚大陆的"白银时代"切换为"大世界"的"黄金时代"，掌握了世界经济的主导权。

英国的货币单位英镑（Pound）全称为"Pound Sterling"。"Pound"的词源出自古罗马的重量单位，"Sterling"则意为"纯银"。古罗马时期，一磅银可以锻造240个银币。英国在中世纪仿效这一方式铸造了银币，所以，英镑的名称隐含了银本位时代的印迹。

1816年，英国颁布了铸币条例，在法律上正式确立了金本位制，并于1822年，发行了印有“可以与金币兑换”标记的纸币。之后过了数十年，德国、美国、日本分别在1871年、1873年、1897年相继启用金本位制，到了1900年，世界各大主要国家基本都采用了金本位制。国际经济以黄金为媒介建立起了新的结构，欧亚经济也逐渐被纳入世界资本主义的体系之中。

英国凭借绝对数量的工业产品出口，长期保持贸易顺差地位。充足的黄金储备让英国有能力保证英镑与黄金的自由交换，并可无限额地与其他货币兑换。同时英国还作为“世界银行”长期贷出黄金，再通过投资让全世界的黄金回流至英国。这一时期，各国都在伦敦银行开立英镑账户进行国际结算，伦敦的朗伯德街因此登上了全球金融交易中心的宝座，以大量黄金作背书的英镑为世界经济注入了新的血液。

淘金热维系的不列颠治世（Pax Britannica）

19世纪下半叶，世界各地掀起了淘金热，流入英国的充足黄金维系着“不列颠治世”。

17世纪后期，人们在巴西的米纳吉斯拉斯州发现了黄金矿床，到18世纪，这里的黄金产量已占据世界总产量的85%。装运黄金的港口城市里约热内卢成为了巴西的新首都。1703年，在工业制造上拥有绝对优势的英国与葡萄牙签署了《梅休因条约》。条约准许英国的羊毛和毛织品进入葡萄牙市场，并享受关税优惠。英国因此垄断了葡萄牙的毛织品市场，获得了从巴西流入葡萄牙的黄金，这也是1816年英国决心实行金本位制的前提条件之一。

此后，与英国有密切关系的区域保证了黄金的产出。1848年，在美国西部加利福尼亚的萨克拉门托附近发现了金矿，约有10万被称为“Forty-niners”的淘金者，或是搭乘带篷马车，或是乘坐破旧的帆船越过南美最南端的合恩角，蜂拥至加利福尼亚。1952年，加利福尼亚黄金产量的价值达到了8100万美元，虽然之后逐年递减，但5年累计的产金总量也超过了2.85亿美元，是过去美国黄金开采总量的21倍。1858年在科罗拉多州的丹佛附近以及1859年在内华达州也陆续出现了淘金热。

1858年，属于英国殖民地的加拿大弗雷泽河流域以及1897年阿拉斯加附近的育空河流域也掀起了淘金热。其中，育空河流域在1900年开采出了价值220万美元的黄金。

自1815年以来，淘金热风靡于英国以维多利亚殖民地（现在的维多利亚州）为中心的澳大利亚殖民地，此前不足40万的殖民地人口在10年内翻了三倍。澳大利亚黄金产量的峰值出现在20世纪初，即使在现在，其黄金产量也约占世界总产量的10%。

1884年，位于南非的德兰士瓦共和国发现了威特沃斯兰德金矿。共和国政府将这一地区国有化，对涌入的英国采矿者分区设定采矿权。到了1889年，德兰士瓦共和国又在地表附近发现了大型黄金矿藏，意外地成为了世界最大的黄金产地。

英国计划吞并由第一批荷兰移民的后代布尔人所创建的德兰士瓦共和国及奥兰治自由邦，从而控制世界最大的黄金与钻石产地。这场不惜牺牲国际声誉的侵略战争名为“布尔战争”（1899年—1902年）。面对以游击战顽强抵抗的布尔人，英国先后动员了45万军队，耗资2.23亿英镑，以“焦土作战”的策略占据了绝对优势。为了支配世界经济，英国必须拥有南非的庞大黄金资源，因此诉诸武力强取豪夺。

像这样，各地区在被欧洲世界统治的背景下所掀起的淘金热，帮助英国赢得了难以撼动的经济霸权地位。

第二节 海洋空间孕育的“大欧洲”

在19世纪70年代造访的钢铁轮船时代

19世纪下半叶，蒸汽轮船在大西洋航线取代了帆船，缩短了大西洋两岸的航行时间。

实际上，人们耗费了相当漫长的时间才让蒸汽轮船成功航行于大洋之上。1819年，木质明轮蒸汽船“萨凡纳号”载满了棉花，历时29天横渡大西洋。不过在29天的航程中，“萨凡纳号”绝大部分时间都使用了风帆。进入60年代，蒸汽船迅速淘汰了帆船，人们在航线要地建造加煤站，让蒸汽轮船能在航海途中补给燃料。此后，造船材料从数量与大小都受到限制的木材改进为各方面都无可挑剔的廉价钢铁，轮船体量变大的同时造价却愈加低廉。1868年至1879年间，船舶运输费用减少为原来的一半。

19世纪70年代以后，汽船的日常航线连通了欧洲各国城市与南北美洲，大西洋由此变为一个“巨大的湖泊”。1869年，苏伊士运河竣工通航后，亚洲与欧洲之间也开辟了定期航线，船舶从英、法出发，途中补给煤炭后，最终可抵达印度、中国与越南。1840年至1913年，全世界的汽船总吨位数增长至原来的6.4倍。大量移民从欧洲乘坐汽船迁居亚洲与非洲，大西洋空间宛如染上了“大欧洲”的色彩。

涉及日用物资的种植园

19世纪，欧洲人口飞速增长，俄罗斯、普鲁士等地方的农场已经难以提供足量的粮食，因此资本被用于在大西洋地区的狩猎采集社会扩建农场与牧场，生产粮食作为商品售卖。借助汽船、铁路的批量运输系统及冷冻技术，使位于“大欧洲”外围的南北美洲和澳大利亚等处女地，也可被改造为大农场。自此，种植园开始涉及粮食生产。

19世纪，欧洲资本在全球发展壮大了种植园体系，即种植单一经济作物的大规模农业空间。坐拥丰富自然资源的南北美洲和澳大利亚，加速了对土地的开垦，建造了维持欧洲工业城市的大型农牧场。美洲中西部的草原曾是4000~6000万头水牛与它们的狩猎者印第安人的安居之地，而到了19世纪，这里的草原也被迅速开发，改建成填饱欧洲人肚子的大型牧场。

现代美国的代表性农作物除了小麦以外，还有玉米、大豆、牧草、棉花、印度大米。其中，玉米、大豆和牧草都是用来喂养肉牛的饲料，关系到牛肉的生产，所以牛肉被端上人类餐桌的历史其实也并不长。

从南美的阿根廷延伸至巴西南部的潘帕斯大草原，面积约有100万平方公里，这里也经营了养殖肉牛等畜牧动物的大牧场，成为了欧洲的粮仓。位于澳大利亚内陆的干燥大平原曾是土著的居所，但自从英国人带来自己国家的绵羊后，大平原逐渐变成了栖息数百万头绵羊的大型牧场。另外，巴西则成为了咖啡的一大生产国。

如此，大批欧洲人在19世纪迁移至地广人稀的空间，急速推进了对土地的开发，拓宽了“大世界”，这也让地球的生态系统发生了巨大的变革。

四千万移民渡海

19世纪，4000多万人为寻求新的居所，乘坐移民船或客轮从欧洲迁移至世界各地，掀起了一轮移民浪潮。

1820年至1920年的100年间，3600万人来到北美的美利坚合众国等国家，360多万人迁移至南美的阿根廷等国家，推进形成了新的“大欧洲”。此外，还有200万人迁居至澳大利亚、新西兰，也有不少欧洲人移民至非洲、亚洲各地。

为了维系欧洲的巨大城市群，人们加快建设粮食、原材料的供给地及产品交易市场的步伐，使承运移民乃至向欧洲输送粮食、原材料的海运业得到迅猛发展，活跃的移民活动也让大型客轮应运而生。

颁布宅地法的美国西部成为了最受移民青睐的地区。宅地法规定，只要在大西部居住并耕种5年，就可成为160英亩（约5万平方米）土地的主人。梦想在美国大陆功成名就的人们纷纷涌入北大西洋的异国他乡。

1865年至1894年，英国和德国平均每年都有11~12万人从英国的毕晓普岩出发，躲过纽芬兰岛附近漂浮南下的冰山，越过北大西洋海域，航渡至纽约。

第三节 “大欧洲”与亚洲各帝国的冲突

被纳入大世界的亚洲各帝国

19世纪下半叶，凭借化石燃料能源、工厂批量生产系统、技术革新、强大的火器、铁道与蒸汽船和国民国家体制而日益强盛的欧洲（“大欧洲”），开始向亚洲各地区进军。欧洲的活动空间以膨胀的资本需求为背景越发壮大起来。

欧洲各国抓住欧亚诸帝国的弱点，在欧亚大陆扩张殖民地、划分势力范围，让亚洲诸帝国沦为附属于世界资本主义的“外围”之地。在人口稀少的苏门答腊、婆罗洲和马来西亚等地，欧洲人迅速扩大了培育橡胶等农作物的种植园。由于当时已无法进行奴隶贸易，所以来自中国福建地区的移民和印度人就被充当为苦力，成为新的劳动力。

19世纪下半叶，以南下扩张为目标的封建陆地帝国俄国与旨在扩大经济圈的海洋帝国英国，在东地中海、中亚、东亚的广袤空间展开了激烈的势力斗争，展开了名为“大博弈”（The Great Game）的欧亚战略冲突。当时的世界，同时存在立足于世界资本主义、国民国家体系的“大欧洲”与帝国林立的欧亚“小世界”。面对来自俄国与欧洲各国的军事及经济侵略，亚洲各地的回应十分复杂，既有基于传统宗教和思想的民族运动，也有开明的精英与官僚阶层发起的西欧化进程。不过，想要完整地引进“大欧洲”体系，必须得如同日本的“文明开化”运动一样变革思维意识，接纳近代制度。

奥斯曼帝国、莫卧儿帝国和大清帝国都是外族通过军事侵略建立的帝国，欧洲各国利用这些国家天然存在的民族冲突使其陷入绝境。19世纪50年代，莫卧儿帝国在镇压雇佣兵叛变后沦为英国的殖民地；大清帝国在鸦片战争结束后，流出大量白银，又因欧洲列强的侵略而越发软弱，终在1911年的辛亥革命中灭亡；奥斯曼帝国因债台高筑被称为“濒死的病人”，在第一次世界大战败北后彻底瓦解。帝国崩溃后的亚洲地区直到现在也持续着“大世界”各体系与根植于传统文明的思考模式、氏族、家族宗法制、封建官僚体系间的交织对立。

内部分裂导致奥斯曼帝国衰弱

在西亚地区，埃及与斯拉夫各族的叛乱动摇了奥斯曼帝国的统治地位。首先，埃及的穆罕默德·阿里（1769年—1849

年）获得法国的援助，“自上而下”地展开了近代化改革，他按照欧洲的方式整顿军备，以超越奥斯曼帝国的军事能力把埃及分裂出帝国。1830年，希腊在英、俄、法等国的协助下，实现了独立。此后，在为奥斯曼帝国提供劳动力的巴尔干半岛上，斯拉夫各族的民族运动越来越浩大，令帝国更加摇摇欲坠。

埃及势力的抬头、巴尔干半岛民族运动的激化以及欧洲列强的干涉，将1854年以来向欧洲银行借款17次，导致财政急剧恶化的奥斯曼帝国逼入了绝境。帝国苏丹为富国强兵方针采取的去伊斯兰化政策和西欧化政策（坦齐马特、仁政改革）也因传统伊斯兰势力的反弹而收效甚微，致使奥斯曼帝国从内部发生瓦解。

奥斯曼帝国由盛转衰后，因其地缘政治环境成为列强的必争之地。奥斯曼帝国位于欧洲与亚洲的交界之处，占据达达尼尔海峡、博斯普鲁斯海峡、苏伊士地峡等战略要地。从拿破仑失败到第一次世界大战为止，英国、俄国、法国、奥地利都为夺取奥斯曼帝国及其属国的领土而争战不断。欧洲当时最大的国际外交问题是围绕奥斯曼帝国及其属国领土与民族关系而产生的纷争，史称“东方问题”[1]。

在此期间，俄国计划利用斯拉夫民族运动实现南下战略，奥地利希望攻占多瑙河下游流域，英国为了维护通往印度的重要通道力图保持现状不变，而法国则想进军北非地区，诸

[1] 因为从欧洲来看，奥斯曼帝国地处其东部。

国为牟取各自的利益展开了角逐。1878年，柏林会议召开，欧洲列强对各国的利益冲突做出了调整。但德国此时却开始实施“3B”计划，建造连接柏林、拜占庭和巴格达的铁路[1]，借以进军西亚，这让东方问题变得更为紧迫，最终点燃了第一次世界大战。

印度、中国走向衰弱的19世纪50年代

19世纪50年代，雇佣兵军变（印度民族起义）和清政府的无能软弱让印度和中国迅速沦为欧洲各国的附庸之地，并逐渐被以英国为首的欧洲列强控制。

以印度雇佣兵为骨干的印度民族起义（1857年—1859年）意欲复辟帝制但却以失败告终，莫卧儿帝国也因此走向灭亡。英国东印度公司在印度雇佣当地人训练成士兵，并趁莫卧儿帝国的分裂状态建立了550个土邦统治印度。19世纪中叶以后，英国东印度公司为扩张殖民统治，派出雇佣兵攻打缅甸、阿富汗和中国。由于印度教徒认为这些国家是“不净的世界”，所以对英国屡次遣派他们出征的命令越来越不满。负面情绪不断累积，东印度公司新引进的来复枪成为了印度民族起义爆发的导火线。这种枪支的子弹外层敷有隔绝湿气的油纸包装，士兵在装弹前，必须用牙齿咬破来复枪子弹的纸皮。雇佣兵怀疑这种

[1] 三地的英文首字母都是B，故称“3B”计划。

纸皮上涂抹了牛脂或猪油。由于印度教徒视牛为神灵而忌食牛肉，伊斯兰教徒视猪为不洁之物，所以主要信仰这两大宗教的士兵们都拒绝使用这种子弹。但东印度公司方面却不顾雇佣兵们的抗议，坚决实行既定方案，因而直接导致了印度独立运动爆发。义愤填膺的雇佣兵推举早已名存实亡的老莫卧儿皇帝统率全局，希望借此恢复帝制，但很快就在1858年被东印度公司的军队镇压。

此后，英国撤销了东印度公司的管理体制，在1877年建立了印度帝国（1877年—1947年），英国维多利亚女王（1837年—1901年在位）加冕为印度女皇，对约占欧亚大陆面积8%的印度实行殖民统治。之后的70年间，印度都一直处于英国的统治之下。

在大清帝国，英国人带来的鸦片致使清朝大量白银外流，银价随之上涨。由于清朝实行地丁银制度，农民需要卖出谷物换取白银向国家缴税，所以大幅上涨的银价使农民的实际赋税额水涨船高，负担越来越重，帝国的势力逐渐被削弱。

18世纪之后，英国东印度公司基本垄断了清朝的对外贸易。随着工业革命后饮茶习惯的普及，英国不得不筹措大量白银从清朝进口红茶。因为缺乏可以出口清朝的商品，所以英国为了保持贸易平衡，开始走私在印度孟加拉种植的麻药——鸦片。

清朝吸食鸦片上瘾的人数呈几何速度增长，到了19世纪30年代，鸦片的“风靡”导致大量白银外流。结果银价对比铜钱上跳两倍，银贵钱贱的现象让必须用白银完粮纳税的农民越来越贫穷，作为农业帝国的清朝转瞬间深陷危机。1839年，清朝钦点禁烟派的林则徐（1785年—1850年）任钦差大臣，前往鸦片走私船云集的广州禁烟。林则徐为杜绝鸦片走私、防止白银外流，率领军队包围了英国商行，命令英国驻华商务总监督上缴所有鸦片，缴获的鸦片总量达到1425吨。林则徐在广州的海边挖了巨大的池子，把收缴的鸦片与生石灰一起投入了海水，用三周时间才全部焚毁干净。生石灰遇水会发热沸腾，能起到溶解烟土的作用，而剩下的残渣则都被海水冲走了。销烟后，林则徐通告英国商人，若想恢复与清朝的贸易关系则必须严禁鸦片。

一旦清朝的鸦片市场被瓦解，必将严重打击鸦片产地孟加拉地区的经济，那么由英国的棉纺制品、印度的棉花与鸦片、清朝的红茶所组成的亚洲三角贸易也将随之崩溃。英国极力想规避这种情况，同时也为开辟清朝的巨大市场而对华发动了鸦片战争（1840年—1842年）。英国在这场战争中共计向清朝投入2万兵力，而其中的大多数是来自印度的士兵。

英军把战线推进到长江流域后，清政府选择对英国采取怀柔政策，撤除了主战派林则徐的战争总指挥职务。1842年，鸦片战争以《南京条约》的签署而告终。和约规定清朝应割让香港岛，开放包括上海在内的五处港口进行通商贸易，甚至还必须向英国支付2100万银元作为战争军费和被焚鸦片的赔款。从此，香港作为东亚的贸易据点与印度的孟买和自由港新加坡相通，经济与社会得到飞速发展。

清朝与英国签署《南京条约》后，鸦片成为日常贸易品进入清朝，导致白银外流的现象越来越严重。高涨的银价令实际缴税额节节攀升，再加上政府为支付鸦片战争的军费与赔款而增设的各种税种，把民众压迫得苦不堪言。大航海时代以后，全世界大量流入中华帝国的白银逆流而出，清朝从内部发生瓦解。

在广东，科举落第的洪秀全（1814年—1864年）受新教影响，创立了秘密社团“拜上帝会”。1851年，他召集约15000名贫农在广西发动起义。起义军以“灭满兴汉”为口号，攻入了当时因大饥荒而难民遍地的长江流域。1853年，洪秀全把主张“反清复明”的组织天地会贫民纳为己用，汇集50万大军占领南京，建立了农民政权太平天国（1851年—1864年）。太平天国遵照“天朝田亩制度”均分土地，废除缠足、禁止男性留辫子，一时之间攻下了大清帝国南半部分的大片领地。

面对太平天国军，章法大乱的清朝八旗正规军不堪一击。此时，由曾国藩（1811年—1872年）、李鸿章（1823年—1901年）等汉臣组织的湘军和淮军成为了镇压太平天国的主力。1864年，南京沦陷，统治阶层已经腐化堕落的太平天国宣告灭亡。此后，清朝逐渐转变为军阀混战的动荡社会。

太平天国占领大清帝国南部后，清朝陷入了弱势，英国企图乘机扩大其在华的侵略利益。1856年，一艘涉嫌走私的英国船在广州被查处，但英国人却谎称中方强扯下船上的英国国旗，使英国受到了侮辱（“亚罗号”事件）。此前，法国曾有一名传教士在广西被处死。于是，英国联合法国发动了“亚罗号战争”，史称“第二次鸦片战争”（1856年—1860年）。最终，英法联军利用清朝的混乱局面占领了北京，并于1860年签订了《北京条约》，条约规定清朝须开放天津等11个港口通商，外国人享有贸易自由，并允许外国公使进驻北京。清朝抛却了帝国的骄傲自尊，承认自己已被编入以英法等列强为中心的国民国家体系，设立了相当于外交部的总理各国事务的总理衙门[1]，清朝自此被纳入了“大世界”。

第二次鸦片战争后，清朝向英国割让了位于香港岛对岸的九龙半岛南部。俄国以“调停”有功为借口，逼迫清朝于1858年签署《瑷珲条约》，割让黑龙江以北的地区，又根据1860年的《北京条约》割占了乌苏里江以东的土地，并计划继续南下征服东北南部和朝鲜。

苏伊士运河深化了亚洲危机

1869年，苏伊士运河正式通航。法国外交官雷塞布（1805年—1894年）获得了曾向他学习过骑射的埃及总督赛义德·帕

[1] 以前清朝并没有正式的外交机构，中国一向不承认其他国家与中国平等的关系，因此是以对待外藩和处理商务事务的态度来处理与其他国家的关系的。

夏（1854年—1863年在位）的协助，于1858年建立了万国苏伊士运河公司，并在1869年成功开通了苏伊士运河。苏伊士运河的造价约为一亿美元，运河通航后还有高昂的修理和改进费用，约为建设费的三倍。这部分巨款由法国与埃及均摊。苏伊士运河通航后，伦敦到印度孟买的航行里程缩短了5300公里，换算成时间则节省了24天，这下英国与印度间的距离只有原来的三分之一，欧洲各国进军亚洲空间的势头变得更加汹涌。

第四节 被纳入“大欧洲”的东亚

成为列强冲突焦点的黄海海域

尽管鸦片战争与亚罗号战争导致大清帝国日趋衰弱，但是东亚的国际秩序依然依靠以大清为核心的朝贡册封体系维持。而在此时，历经幕府动乱的日本迅速通过明治维新建立了中央集权体制，积极倡导文明开化，在甲午战争（1894年—1895年）中打败了仅在军事方面以洋务运动导入西方技术的清朝。结果，东亚的整个朝贡册封体系正式瓦解，目睹清朝孱弱状态的欧美列强加速了侵略的步伐，各国争相瓜分清朝，并划定各自的势力范围与租界。在甲午战争中败北的清朝仿效日本的明治维新，推动了变法运动，主张实行君主立宪制，但却被慈禧太后（1835—1908年）和清廷的守旧派势力所扼杀。

1895年，俄国、德国、法国进行干涉，迫使日本把辽东半岛归还中国。之后，俄国租下半岛南部的旅顺、大连，德国租下山东半岛的胶州湾，英国则强租了山东半岛东北的威海卫军港，租期分别为25年、99年和25年。东亚的渤海、黄海海域与朝鲜半岛成为了欧洲列强竞相扩张侵略势力的新焦点。

由于英国不得不在巴尔干半岛与俄国合作，所以为了避免直接与俄国发生战争，英国与日本结成了英日同盟（1902年），旨在对抗俄国在东北南部和朝鲜半岛的扩张行动。在“大欧洲”的势力之争波及黄海的局面中，日本被摆在了一个特殊的立场上。

美国对中国的经济侵略落后于其他国家。1899年，美国国务卿海约翰（1838年—1905年）在对华事务方面提出“门户开放”政策，表现出了其经济侵略中国的企图。

1900年，被德国侵占的山东半岛爆发了“义和团运动”，义和团以“扶清灭洋”为口号进入北京，接连杀害了日本和德国的外交官。清朝在义和团运动兴起后顺势对列强宣战。对此，欧洲各国、日本、美国等组成八国联军占领了北京。翌年，八国与清朝签订条约迫使清政府允许外国军队在北京驻军，并获得了巨额赔款。义和团运动时期，俄国从东北调兵南下，将势力扩张至朝鲜王朝。当时朝鲜王朝站在“小国侍奉大国”的事大主义立场，打算把宗主国从衰落的清朝转换为俄国。

愈加混乱的东亚

俄国从东北南部南下朝鲜半岛的行为，令日本备受威胁，而朝鲜愿接受俄国统治的意向更是加深了日本的危机感。在西伯利亚大铁路竣工前的1904年，日本凭借英日同盟的依仗，对俄国海军据点旅顺发动奇袭，挑起了日俄战争（1904年—1905年）。

日本战争军费的60%来自在英、美两国发行的战争国债（当时预计50年偿还），以此勉强维持战争。而俄国方面，由于国内粮食严重不足及“流血星期日事件”引发的劳动人民起义，导致其难以继续作战。

1905年5月，俄国的波罗的海舰队在对马海战中战败，无力维持战争的俄国被迫与日本签订和约，承认日本在朝鲜享有政治军事及经济上的“卓越利益”，将辽东半岛南部的租借权以及桦太南部、南满铁路及沿线的特权均移交于日本。日本以88000多名士兵阵亡、国家背负巨额战争债务的代价继承了俄国的势力范围。

1910年，日本在列强的承认下吞并了朝鲜。

日俄战争的结果也影响到了清朝。1905年，由孙中山（1866年—1925年）担任总理的中国同盟会在东京成立。同盟会的政治纲领是“三民主义”，即民族主义、民权主义、民生主义。

1911年，清朝为从国外筹款，意图强征民营铁路作为担保。对此，四川掀起反抗运动，新军受中国同盟会影响（三分之一的士兵为革命派），在湖北省爆发武昌起义，建立了革命政权。短短两个月时间内，占清朝领土80%的14个省纷纷脱离清政府宣布独立，史称“辛亥革命”。

1912年，宣布独立的省代表齐聚南京，成立了中华民国，由孙中山担任临时大总统。当时，清朝委任袁世凯（1859年—1916年）与南京革命政府谈判，然而野心勃勃的袁世凯以自己出任中华民国临时大总统为交换条件，威逼清朝幼帝溥仪退位。尽管革命派将中国同盟会改组为国民党，在议会选举中赢得了多数席位，但袁世凯却以武力镇压议会，形成了专制独裁统治。

1916年，未能成功建立新帝国的袁世凯去世。此后，中华民国陷入了军阀割据混战的分裂局面。各地军阀分别受到英、德、法、俄、日等国的支持，围绕世界统治权的战争被直接带入了中华世界。群雄割据、混战连连、饥荒不断的社会现状让黎民百姓处于水深火热之中，面对20世纪中国现代史上最惨烈的局面，人们展开了生存之战。

第五节 帝国主义时代与英德间的冲突

第二次工业革命与混乱的世界秩序

19世纪70年代至90年代，层出不穷的新技术大范围地革新了资本主义。“空间革命”在全球迈入了新的阶段。

这一阶段，坚硬而不乏柔韧性的钢铁取代了较脆的生铁，推进了车床技术的发展，使造船、建筑等重工业成为工业核心。同时，研制火药、农药的化学工业也逐渐兴起，石油代替煤炭成为主要能源，内燃机和新能源电力都在此时接踵问世。而电话、无线电报的发明更是革新了信息传递方式。一言以蔽之，工业生产结构的重心已经由轻工业转为重化工业（第二次工业革命）。

工业规模的扩大，势必伴随着对投资的无限渴望，筹措资本的银行与证券公司在此时发挥了重要作用。企业的经营组织也随之发生了变化，被称为“白领层”的事务类岗位迅速增加。另一方面，英、法等国家由于新技术体系的更迭进程缓慢、薪资水平较低等因素，逐渐落后于德国与美国。

崛起的德国和美国筹划了基于军事力量的全球战略，企图改变世界秩序。相反，转型为金融大国的英、法两国则希望维持现状不变。

经济的全球化发展需要新的信息传递网络。于是，英国主导铺设了海底光缆，大幅提升了政治、经济信息的传播速度。1866年的大西洋海底光缆、1870年的印度海底光缆相继铺设成功，到1900年，世界海底光缆网总计约达30万公里。以伦敦为据点的通信公司路透社利用海底光缆向全世界传递政治新闻、股市行情及商品信息，此外还经营电报汇款等资本活动，英国在信息和金融层面的影响力因此得到增强。

超越英国的德国工业

19世纪下半叶，第二次工业革命与筹措大众资本的新经济模式登场，德、美的崛起动摇了原先的世界贸易格局，始于1873年的经济萧条为“不列颠治世”时代画上了休止符。英国通过第一次工业革命建立的技术体系已被时代淘汰，在第二次工业革命中打下根基的德、美等国，以廉价劳动力与新技术为武器，国势日益强盛。

德、美通过国家的保护大力发展生产事业，依靠廉价劳动力、新技术体系、新式企业经营、银行与证券公司筹措资金等方式迅速推动工业生产力，实现了对英国的超越。英国的经济增长率从19世纪60年代的3.6%开始一路走低，70年代为2.1%，80年代为1.6%。与之相反，19世纪70年代至1914年，德、美的经济增长率平均约达到5%。

面对德国势力的不断扩张，英国利用多年累积的资金、海上运输费、保险费收入、对外投资收益等寻求生机，积极向广大拥有丰富资源与廉价劳动力的殖民地区及势力范围（加拿大、澳大利亚、拉丁美洲各国等）进行资本输出，从此迈向金融大国之路。1914年，英国人的统辖范围覆盖了地球上四分之一的人口，境外投资额占世界总投资额的43%。尽管如此，英国的GDP与国防支出只位列世界第三，士兵数仅排名第四。

法国也如出一辙地选择了金融大国的道路，向俄国、东欧、拉丁美洲各国输出资本。在这一时期，欧洲各国为保护本国市场实行了关税措施，并互相争夺在世界市场上的更大份额。这种围绕各自势力范围展开的竞争，进一步深化了列强间的矛盾与冲突。

经济萧条造就民族主义

资本主义经济存在着平均时长约十年的循环周期。经济繁荣期社会吸引过多投资，然后逐渐因产能过剩造成企业破产、失业人数增加、银行经营状况恶化的现象，最终陷入经济恐慌。

19世纪70年代以后，在第二次工业革命登场、重化工业比重不断提高的同时，经济危机也连续在1873年、1882年、1890年和1900年出现。其中，从1873年持续至1896年的经济恐慌就发端于英国。相对于通过建设铁路与成立新型企业得到飞速发展的德国和美国，英、法的经济增长率却一路下滑，经济恐慌更是引起经济长期的低迷不振，此后又在较短周期内循环爆发了危机。70年代以后持续20年的结构性衰退被称为“经济大萧条”。

陷入经济危机后，政治家为转移民众的不满，煽动了民族主义情绪。现在也同样如此，针对想要扫除阴霾状态的民众，民族主义是最能转移视线的绝佳手段。政治家们为了保护自己，鼓动民众形成保守主义的意识形态，为失败的政策寻找替罪羊。生活窘迫的民众在“德雷福斯事件”（1894年）时表现出了高涨的反犹太主义，开始攻击国内的异族势力，并把矛头指向了邻国等特定国家。憎恶又接着孕育出憎恶，强化了国与国之间的矛盾冲突及社会不稳定因素。在危机不断加深的局面下，工人运动、社会主义运动蓬勃兴起，失去生活方向的人们纷纷移民至美国。

大众被政治家煽动起的民族主义情绪越发高涨，成为了军备竞赛、殖民地争夺战的背景因素。列强非理性的举动与过去凭借军事力量疯狂扩张的罗马帝国极其相似，所以被统称为

“帝国主义”。想要理解在19世纪末至20世纪初抬头的帝国主义，必须以民众面临的生活危机为思考前提。经济萧条与民族主义的勃发反复出现在近现代史上，每次都无端将大众推入无尽苦难的生活之中。

英德争夺亚洲空间与造舰竞争

19世纪末，德意志帝国超越英国成为欧洲第一大工业国家。帝国29岁的年轻皇帝威廉二世（1888—1918年在位）罢免了“铁血宰相”，采用美国军事理论家阿尔弗雷德·马汉（1840年—1914年）提出的“海权”战略，把控制海洋作为增强国力的根基。于是德国也同美国一样，准备从陆地帝国转型为海洋帝国，以新航线政策实行积极的海外扩张。

马汉在海洋时代是一名极具影响力的军事战略家，正是他间接扩大了海洋世界的冲突，引发了第一次世界大战。1898年，威廉二世发表演讲，称“德意志帝国的未来在海洋之上”，这直接挑战了海洋帝国英国的权威。对已被德国夺走工业主导权的英国而言，一旦海洋霸权也落入其手，那自己势必将变成一个无所依靠的小国。所以，英国也投入大量人力、财力建设大型战舰，两国间的造舰竞争趋于白热化。英国的方针是保持“两强标准”，即国家海军实力不应低于任何两个海军强国加在一起的海军力量，而德国也在1898年以后，拼命增强海军力量。日俄战争中的对马海峡海战爆发的1905年，英国建造了弩机战列舰“无畏号”，远优于同时期的同类军舰。“无畏号”装载了10门12英寸口径的主炮，迅速淘汰了以往只能装备4门12英寸主炮的战列舰。与此同时，德国也努力建造同等规模的军舰，两国的军备竞赛不断激化。

1898年，威廉二世亲自访问了奥斯曼帝国的伊斯坦布尔，以提供融资为条件换取了巴格达铁路的建设权。这一战略显然是为了与英国的“3C”政策[1]相抗衡，试图撼动英国视为势力圈核心的印度洋。这也即是前述的“3B”政策，借由以柏林为起点途经拜占庭（伊斯坦布尔）到达巴格达的铁路，把势力伸向巴士拉港、波斯湾乃至印度洋。德国与英国分别结成同盟国联盟（德国、奥匈帝国、意大利）与协约国联盟（英国、法国、俄国），在相互对抗中走向“第一次世界大战”。

[1] 建造连接开普敦、开罗、加尔各答的铁路，纵贯非洲、印度洋周边广阔殖民地的政策。

第六节 美国进军太平洋

美洲大陆出现最大的移民国家

19世纪下半叶，大量从欧洲移民至美国的平民自下而上地构建了整个美国社会，以令人惊异的速度实现了经济发展，让美国跃升为世界头号工业强国。贫穷的美国所达成的高速发展，让欧洲人感到难以置信。

曾致力于开发西部的美国，在1890年西部边疆消失后，开始向海洋帝国转型。美国有三大目标：一是在太平洋诸岛设立由海军陆战队驻守的煤炭储藏基地；二是进军巨大的中国市场；三是迈向连通大西洋与太平洋的海洋帝国之路。

美国刚宣布独立时，领土只有大西洋沿岸的十三个州（殖民地）与1783年通过《巴黎和约》得到的路易斯安那州在密西西比河以东的部分。而到了1803年，美国耗资6000万法郎向法国购买了密西西比河至落基山脉的路易斯安那州，国土面积因此倍增。

从19世纪20年代至40年代，美国大力展开西进运动，把边境地带逐渐推向西面。美国将人口稀薄的未开发地区称为边境（frontier)。所以，对荒地开疆拓土的进取精神（frontier spirit）成为了美式价值观的雏形。当时，有很多拓荒者认为他们的行为遵照了神的意志，因此即使是土著居住的地区，也能进行无限制地开拓。

面对拓荒者的肆意掠夺，失去土地的土著们奋起反抗。在这一局面下，1830年，第七任美国总统安德鲁·杰克逊（1829年—1837年在任）制定了《印第安人迁移法案》，强制居住在密西西比河以东地区各部落的印第安人迁移至密西西比河以西的指定保留地。

19世纪40年代，美国迁移至墨西哥的移民把意欲从墨西哥独立出去的得克萨斯并入了美国领土（1845年）；美国与英属加拿大协商划定边境线而获得俄勒冈（1846年）；美墨战争（1846年—1848年）让美国吞并了占墨西哥三分之一面积的加利福尼亚与新墨西哥。最终美国统一了从大西洋沿岸至太平洋沿岸的辽阔空间，陆地国家由此诞生。通过一系列的战争，美国打下了主导“大世界”的移民大国之根基。

1848年，在加利福尼亚发现金矿后，因美墨战争造成的经济萧条而大为苦恼的10万东部居民，从陆路与海路大举涌入加利福尼亚。曾经不过是个贫穷小村庄的圣弗朗西斯科迅速变身为大都会。到了1850年，加利福尼亚晋升成为加利福尼亚州。

19世纪50年代，有越来越多的移民向西部迁移。1853年，美国从墨西哥手中购得加兹登，疆域比起建国初期扩大了四倍。

阻止南部分裂的南北战争

1860年，支持逐步废除奴隶制的共和党人林肯当选为美利坚合众国第16任总统（1861年—1865年在任）。南部七个州因此退出联邦，成立了美利坚联盟国（1861年）。

但是，林肯并不承认南部各州脱离联邦的行为，南北战争就此爆发（1861年—1865年）。此时南部查尔斯顿港的萨姆特堡要塞仍受合众国控制，南部军队对其进行了连续三四小时的炮轰，迫使要塞投降。之后，林肯派遣援兵重夺要塞，正式拉开了战争的序幕。这是主张脱离联邦的11个州（900万人口，其中有350万奴隶）与联邦23个州（2200万人口）间的战争。

力图速战速决的南部军队在罗伯特·爱德华·李（1807—1870年）的带领下攻入北部，并寄希望于来自英国的援助。另一方面，林肯在开战同时封锁了南部5500公里长的海岸线，这对严重依赖欧洲的南部造成了极大的打击。1862年，林肯颁布了《宅地法》，规定凡年满21岁的一家之长，只要交付一点手续费，就能分配到约65万平方米国土，这一法案成功地把西部农民拉入了联邦阵营。1863年，林肯又公布了《解放黑奴宣言》，因而获得国内外的声援。事态发展到这一地步，英国已失去了出手干涉的良机。

1863年，南北战争中最惨烈的战斗葛底斯堡战役爆发，凭借充裕物资取胜的北军自此取得了战场上的主动权。1865年，美利坚联盟国的首都里士满沦陷，南北战争以北军的胜利而告终。南北两军共约有250万人参加了此次大规模的内战，造成约62万士兵阵亡（北军约36万人，南军约26万人）。

令美国经济腾飞的西部开发

南北战争结束后，通过平均税率达到47%的高关税保护政策、大规模铁路建设（到1890年为止增长了6倍）、涌入美国西部的欧洲移民、西部市场的扩大以及投入南部的北部资本，美利坚合众国的工业水平得到了飞速发展。尤其当《宅地法》中只要连续开垦西部五年就能成为约66万平方米土地主人的规定传开后，更是吸引了大量怀揣美国梦的移民来到西部。

移民美国的人数在19世纪20年代约有14万多，之后就发生了爆发式增长，到了50年代已经有约260万人，1860年到1890年的总移民人数更是达到1037万人。1890年，未开垦的西部边境地区基本已消失殆尽。19世纪下半叶所有的欧洲移民中，有四分之三都选择了美国。这是一个被称为“镀金时代”的时期，“镀金时代”一词取自马克·吐温（1835年—1910年）发表于1873年的小说。当年因创作《汤姆·索亚历险记》而闻名的马克·吐温以给参议员担任秘书的亲身经历为蓝本，写就了揭露政治家虚荣与腐败一面的《镀金时代》。在镀金时代，一切阶层的人都狂热地崇拜金钱，经济处于高速发展阶段。

在金钱万能的潮流下，19世纪60年代至90年代，美国的工业生产增长了3倍，并在19世纪90年代一举超越英国成为了世界头号工业国。政府斥巨资建设的西部铁路对这一时期的经济发展做出了重要贡献。铁路公司每建设40英里的铁路，政府就会将铺轨两旁的广阔土地划给公司开发利用，另外每建设1英里，政府还提供16份偿还期限为30年、年利率6%、票面价值1000美元的国债。至19世纪末，美国西部有四条横跨大陆的铁路竣工，连接了大西洋与太平洋沿岸，使边境地区转变成大型工业生产地。美国政府在伦敦发行铁路证券，筹备了庞大的建设资金。铁路证券成为了英国投资家追捧的主要交易品种。

连通美国广袤土地的大型铁路孕育了大财团。除铁路外，石油工业也是发源于美国的新兴产业，在1900年，美国的产油量占到全球产量的36%。

此外，美国西部的牧场总面积比四个日本还要大。这些牧场里饲养了大量肉牛，屠宰切割后的牛肉全都汇集于芝加哥，再经由铁路被运往美国各地。

瞄准太平洋与东亚空间

1890年，西部开发把美国的国境线推进至太平洋沿岸，未经开发的边境已经全部消失。对于一直依靠边境开发促进经济发展的美国来说，这意味着必须寻求新的经济发展路线。于是，转型为海洋帝国成为了刻不容缓的目标。

前文提到的海军军官阿尔弗雷德·马汉正是指引美国走上了转型之路的领头人。马汉在1890年出版了《海权对历史的影响》一书。他在书中指出，荷兰、英国的发展皆以海洋为基础，所以美国应当增强由海军、贸易—海运、殖民地—海上据点构成的海权，利用毗邻大西洋与太平洋的地缘政治条件，转型成为海洋帝国。同时，他认为在大西洋上应与同属盎格鲁—撒克逊民族的英国协同合作。

美国实行了马汉的战略，向太平洋扩张势力，试图取得海上霸权。而要达成这一目标，连接大西洋与太平洋的加勒比海无疑是至关重要的一环。加勒比海位于南北美洲之间，是东西部海运的中转区域。于是美国准备将加勒比海变为受自己控制的内海。

西班牙殖民地古巴爆发反西班牙起义后，以推行扩张主义闻名的第25任美国总统麦金莱（1897年—1901年在任），向哈瓦那港派出了新式战舰“缅因号”。1898年2月，“缅因号”在哈瓦那港的海面上突然被击沉，266名船员全部丧生。这一事件轰动了整个美国，赫斯特和普利策均在其报纸的头版头条刊登了“勿忘缅因号”的口号。同年4月，美国在还未掌握确凿证据证明是西班牙炸毁缅因号的情况下，正式向西班牙宣战。美西战争爆发。

美军在攻打古巴的同时，还以援助菲律宾独立运动领袖阿奎纳多（1869年—1964年）所率起义军为借口，对菲律宾开战，攻下了菲律宾首都马尼拉，然而此后美国却针对宣布菲律宾共和国成立的起义军采取了镇压措施。

美西战争仅开始四个月即以美国的压倒性胜利结束。西班牙承认古巴独立，将殖民地波多黎各、关岛和菲律宾一并割让给美国。在夏威夷，众多来自美国的移民受海军陆战队的支援终结了卡拉卡瓦王朝（1874年—1893年），成立了夏威夷共和国。1898年，夏威夷共和国正式被并入美国。在此以后，进军中国市场就成为了美国最大的目标。

急于开凿巴拿马运河的理由

美国夺得加勒比海，在太平洋建立起煤炭储备基地，着手进军东亚。美西战争结束后，美国在加勒比海域和太平洋的巴拿马地峡上启动了运河开凿计划。美西战争期间，战列舰俄勒冈号要从圣弗朗西斯科返航加勒比海的话，必须经过麦哲伦海峡，统共要花费68天才能到达，这让美国深切感受到了开凿运河的重要性。

巴拿马运河早在1881年就由法国人雷赛布开工建设了，但由于疟疾蔓延以及工程技术上的艰难复杂，使得运河公司宣布破产，开凿计划因此停顿。于是，美国买断了运河建设权，要求哥伦比亚出借建设区域，但是却遭到了哥伦比亚议会的否决。对此，美国策动了巴拿马州的地主起义运动，在1903年协助巴拿马脱离哥伦比亚统治，建立了巴拿马共和国。新政府成立后，美国获得了运河地区的租借权，并于1904年动工建设运河，前后共投入了3.75亿美元巨款。十年后的1914年，全长80公里的水闸式巴拿马运河终于竣工。

就这样，美国的东西部海岸通过宽阔的运河航道相连通，帮助了美国迈向太平洋海域与亚洲。运河建成后，纽约与圣弗朗西斯科间的路程缩短至原来的一半。

第七节 被“大欧洲”吞并的非洲与大洋洲

英国支配的沙漠大陆

英国人的脚步踏遍世界各地，在全球范围内扩张殖民地。英属殖民地的类型分为两种，一种是加拿大、澳大利亚等白人移居的自治殖民地，一种是以军事力量征服的亚、非殖民地。

太平洋海域之辽阔几乎能覆盖地球所有陆地面积。英国人詹姆斯·库克在18世纪的三次探险中第一次揭开了太平洋的全貌。当时库克的探险初衷是“寻找未知的南方大陆”。

法国印第安人战争结束后，墨西哥以北的整个美洲大陆都沦为英国的殖民地，在殖民地争夺战中败北的法国，寄希望于寻找到自古以来人们就相信存在的“未知的南方大陆”（传说位于南纬40度附近），并将其殖民化。当时，探险家们推断“南方大陆”应该是一个拥有5000万人口的广阔陆地。与此同时，英国为抗衡法国，也对这一神秘的大陆表现出了浓厚兴趣。

库克的前两次航海，遍寻了直达南极大陆的整个南太平洋，证实“未知的南方大陆”并不存在。在这两次航海中，船队发现了新西兰以及90%都是沙漠与草地的澳大利亚大陆，并依次将其纳入英属领地。澳大利亚大陆幅员辽阔，面积约为欧亚大陆的16%，此时却变为了属于英国一国的殖民地。

英国人对澳大利亚的殖民始于1788年，这一年，英国因美国独立而失去了在北美的13块殖民地，于是便将新发现的澳大利亚作为流放囚犯的新去处。英国向澳大利亚输送罪犯的活动一直持续到1868年为止。

19世纪中叶，最先开始于澳大利亚西南部海岸的羊毛产业日趋成熟，当时英国进口羊毛总量的40%都来自澳大利亚。另外，1851至1861年的十年淘金热使澳大利亚人口暴增。附近的华人淘金者也成批奔赴澳大利亚淘金。对此，英国制定了“白澳政策”[1]，差别对待来自中国的移民。

仅20年就被瓜分完毕的非洲

非洲的核心空间是从北纬30度到赤道的亚热带与热带地区。这一空间自北起分为三个部分：①占非洲大陆三分之一面积的撒哈拉沙漠；②半干旱地带萨赫勒；③热带雨林。非洲以台地地形为主，80%的山脉都集中于埃塞俄比亚。

[1] 白澳政策，是澳大利亚联邦反亚洲移民的种族主义政策的通称。

非洲三大河流是东部的尼罗河、西部的尼日尔河和中部的刚果河，但水系之间互相孤立。由于非洲的大部分地区都是沙漠、萨赫勒与热带雨林，所以人口密度较低，部落社会分散在大陆各处。当部落遭受军事威胁时，经常会逃往热带雨林，所以只有有限的区域可以通过战争建立国家。

苏伊士运河通航后，英国传教士利文斯顿（1813年—1873年）、美国探险家史丹利（1841年—1904年）等人首次在非洲东岸展开了对大裂谷和热带雨林的探险活动。

19世纪80年代，比利时国王利奥波德二世（1865年—1909年在位）基于史丹利的探险成果，以个人名义霸占了刚果河，建立了刚果自由邦，这引起了英国与葡萄牙的强烈不满。于是俾斯麦在德国主持召开了柏林会议（1884年—1885年），邀请包括欧洲十三国与奥斯曼帝国在内的国家参与会议。柏林会议将非洲视为“无主之地”，为平衡各国的利益关系，以“有效占领原则”制定了瓜分非洲的议定书。

柏林会议后，欧洲列强掀起了占领非洲的热潮，非洲沦为殖民地。在此以前，欧洲只霸占了非洲的沿岸地区，但柏林会议后仅过了20年时间，面积约为欧亚大陆56%的非洲领土就已基本被列强瓜分殆尽。观察世界地图可以发现，非洲大陆的国境线多为直线，这也是当年被瓜分所留下的产物。到了20世纪初，非洲仅剩埃塞俄比亚和利比里亚保持独立。

欧洲各国以实行南北扩张的英国与东西扩张的法国为中心

蜂拥至非洲，争相划分势力范围。1898年，英、法两国的殖民地军队在埃及南方的苏丹发生了冲突（“法绍达事件”），最终法国作出了让步，从此实行南北纵向扩张的英国在非洲占据了绝对的优势。

第九章
全球一体化的世界

第一节 第一次世界大战与19世纪秩序的崩塌

欧洲空间的自行垮台、地球空间转由美国主导

20世纪是大规模战争不断爆发的世纪，可划分为前半段的两次世界大战时期与后半段局部战争频发的时期。

前期的两次世界大战导致作为第五次空间革命核心的“大欧洲”衰弱，欧洲列强主宰世界的时代就此落幕。

第一次世界大战结束后，英法原以为可以重新制定“大欧洲”范围的秩序，但欧洲在战争中遭受的损失已远远超出了预期。战后，英法报复性地要求德国支付高额赔款，为此陷入经济危机的德国获得了美国的援助。而后当美国爆发经济危机引起全球恐慌时，德国经济亦顷刻间崩溃了。这次的全球经济大衰退再度引发了世界大战，欧洲形势更是一落千丈。此后，“大世界”过渡至以美国为中心的“美利坚治世（Pax

Americana）”时代，世界则开始转向“全球化”。另一方面，20世纪下半叶也是信息革命时期，丰富多彩的文化交流推动形成了“地球文明”。

第一次世界大战（1914年—1918年）的导火索是在被称为“美好时代”的经济繁荣期突发的“萨拉热窝事件”，第二次世界大战（1939年—1945年）则爆发于全球恐慌后进入的经济大萧条时期，当时德国与苏联为收复失地而入侵波兰，以此拉开了战争的序幕。总之，两次世界大战的起因都可归咎于民族主义。

错误的估算造成惨烈的总体战

1914年6月28日，奥匈帝国皇储弗朗茨·斐迪南（时年50岁，1863年—1914年）与他的妻子索菲（时年46岁）在波斯尼亚首都萨拉热窝检阅陆军演习时，被19岁的塞尔维亚大学生普林西普刺杀。萨拉热窝事件发生后，各国的矛盾不断被激化，奥匈帝国在一个月后向塞尔维亚宣战。以此为契机，同盟国集团与协约国集团也接连投入战争，第一次世界大战就此爆发。可以说这是一场突如其来的大型战争。

第一次世界大战也是一场史无前例的大型战争。交战双方是德意志帝国、奥匈帝国、奥斯曼帝国、保加利亚四国与协约国集团的27国。对于资源匮乏的德国而言，想要取胜就必须速战速决。所以在战争打响后，德国前陆军总参谋长施里芬

（1833年—1913年）基于1905年以沙盘演练制定的“施里芬计划”，打算赶在军事动员体制落后的俄国充分集结兵力前率先击败法国。等法国战败后，进而转身至东线集中全部火力对抗俄国。该作战计划要求用6周左右的时间降服法国。而另一方面，法国的参谋总部也预计战争会在短期内结束。然而乐观的纸上谈兵并没有任何实战依据，实际上大战爆发不久，就转入了残酷的持久战和消耗战，这场“总体战”旷日持久，把欧洲逼入了荒凉衰败的境地。

1916年的凡尔登战役中，德法两军仅三个月时间就发射了共计2700万发炮弹，死伤人数接近70万人。“总体战”需要大量兵力，各国动员参军的人数如下：英国约900万，法国约850万，俄罗斯约1200万，德国约1100万。过去曾主导世界空间的欧洲各国因战争而走向衰败，世界秩序再次面临重新洗牌。

北方帝国的毁灭与社会主义政权的确立

俄国位于寒冷的森林地带，粮食无法自给自足，因此经不起总体战的消耗，在一战中早早投降了。1917年3月，俄国首都彼得格勒[1]发生了二月革命，自此政局动荡，各地建立了新的政府机关——苏维埃（劳动人民代表会议）。

不久后，苏维埃掌握了首都的政权，在其支持下成立了

[1] 列宁格勒在1914—1924年间的旧称，1914年前称圣彼得堡。

以资产阶级为核心的临时政府，彻底推翻了权倾一时的罗曼诺夫王朝。革命之后的俄国出现了两大政权并存的局面，分别是苏维埃和克伦斯基（1881年—1970年）任总理的临时政府，但此时的俄国百姓们依然因战争而贫困不已。在这种形势下，流亡瑞士的列宁（1870年—1924年）回到祖国，领导布尔什维克（多数派），号召停止战争、推翻临时政府。

临时政府继续参战的决定让百姓的生活更加苦不堪言，对此，布尔什维克首先在苏维埃内部夺取了政权。到了1917年11月，布尔什维克在彼得格勒率军起义，发动了十月革命，成功推翻临时政府，建立了社会主义政权。革命政权宣布即刻停战，确定了不割地、不赔款的和平条件及无偿收回地主土地、国内少数民族拥有自治权的政策。1918年，布尔什维克实行一党专政体制，成立了世界首个无产阶级专政政府。从此，地处欧亚大森林地带、曾经侵略成性的沙俄帝国转变为社会主义国家。

1918年3月，俄国革命政权放弃了东欧的管辖领土，与德国及其同盟国单独签订和平条约，即《布列斯特－立托夫斯克和约》，退出了第一次世界大战。英、法、美、日四国为防止东部战线瓦解及遭受社会主义革命的波及，派遣军队扶植俄国国内的反革命势力。对此，苏维埃政府组建了共产国际（世界共产党），借以加强国际革命运动、巩固社会主义政权。

苏维埃政府通过向农民征粮勉强度过了危机，1922年，四个社会主义共和国，即俄罗斯、乌克兰、外高加索、白俄罗斯共同组成了苏维埃社会主义共和国联盟（简称“苏联”）。1924年，列宁逝世，主张“一国建成社会主义”理论的斯大林（1879年—1953年）驱逐了倡导“世界革命”的托洛茨基（1879年—1940年），加强了控制。

需要美国支援的欧洲

第一次世界大战后，德意志帝国、奥匈帝国、沙俄帝国、奥斯曼帝国垮台，欧洲秩序发生了翻天覆地的变化。虽然英、法自认为是战胜国，但是从客观角度来看，此前领先世界的“大欧洲”整体已经由盛转衰，“大世界”的中心移至手握世界40%的黄金储备量的美国。

第一次世界大战时，美国宣布中立，在外交政策上与欧洲各国互不干涉（门罗主义），并向一战的参战国兜售军火、补给粮食。另外，美国还在纽约以美元结算的战争债券形式为协约国提供了巨额军费，因此战事的拉长让美国坐收渔翁之利。

1917年，俄国爆发革命脱离了战场，于是德国把兵力集中于西部战线，加强对法国的攻势。在战况的急剧变化下，美国国内强烈要求尽快终止战争以确保战争债券的回收。于是在1917年4月，美国以阻止德国无限制潜艇战（无差别、无预警攻击）为借口，正式对德宣战。经济大国美国的参战迅速暴露了德国的劣势。1918年11月，通过德国革命成立的共和国[1]签订休战协定，为第一次世界大战画上了句号。

英、法两国原以为战争的善后处理可仅在欧洲内部解决，但是开始走下坡路的欧洲已有心无力，如果没有美国的协助，欧洲将难以维系业已衰退的经济。战后，美国投入资本，协助德国向英、法支付高额赔款，英、法再把这笔赔款还给美国抵债，形成了一个资金循环圈。这样一来，国际金融中心也从伦敦的朗伯德街转移到了纽约的华尔街。

梦想“茶杯风波（A storm in a teacup）”的英法两国

1919年1月，巴黎和会在法国召开，与会者只有27个战胜国代表团，除了战败国外，苏维埃政府代表也被排斥在外。胜方英、法两国主导了会议，这两国把世界大战视为欧洲的内部战争，也即“茶杯风波”，并未注意到世界政治格局已经悄然发生了变化。

会上，美国第28任总统威尔逊（1913年—1921在任）根据“十四点计划”，提出重塑世界秩序的原则。十四点计划的主要内容是杜绝秘密外交、裁减军备、民族自决、设立国际联合机构等。然而，认定一战是欧洲内部战争的英、法两国却不予理睬，只采纳了“十四点计划”中设立国际联合机构的建议。

[1] 国号为德意志国。

但由于美国实行门罗主义拒绝加入，德国、苏联又被排斥在外，所以新创立的国际联盟并没有完全成为主导“大世界”的机构。

巴黎和会从始至终贯彻了对战败国德国的苛刻要求。会议强调德国是战争的唯一祸首，德国应承担全部的战争军费，以此复兴英、法两国。尽管英国财政部首席代表、经济学家凯恩斯（1883年—1946年）提出，过分索要赔款会让德国经济崩溃，可能再次引发世界大战。但是，践行民族主义的政治家却置之不理。巴黎和会形成了凡尔赛体系，即在德国背后的东欧地区建立了多个由英、法控制的新兴国家，借此牵制德国复兴，同时也防范社会主义思想影响西欧并确保海外殖民地的现状不变。

饱受煎熬的德国百姓

战败方德国不得不独自承担巨额赔款，并被迫遵照凡尔赛条约放弃所有殖民地，将占九成铁矿石产出量的阿尔萨斯和洛林归还给法国，把素有“煤矿宝藏”之称的萨尔煤矿区交由国际联盟代管。根据条约，德国失去了约十分之一的人口以及13%的欧洲领土。除此以外，条约限制德国发展军备，并在1921年要求德国偿付1320亿金马克的巨额赔款。计算下来，德国每年都必须把财政收入的七成作为赔款。对于德国民众而言，这意味着无端的屈辱与“从属时代”的开始。

威尔逊在前述巴黎和会上提议的民族自决原则，并没有应用于帝国主义的亚、非殖民地，只有德意志、奥匈、俄罗斯三大帝国瓦解的东欧地区可以享有该原则。英、法两国承认位于德国东方的波兰、捷克斯洛伐克、波罗的海三国独立，这一方面是为了从背后牵制德国，另一方面也是利用东欧地区构成欧洲与苏维埃政府间的缓冲地带。但是，各民族混杂且封建地主制度残余的东欧却因此变成了不稳定的空间，之后的第二次世界大战也正是从东欧开始的。

1923年，德国未能按时支付赔偿金，于是法国联合比利时以敦促德国履行赔款义务的名义，侵占了德国的矿工业中心鲁尔区（1923年—1925年）。德国工业生产因此中断，经济发生恶性通货膨胀，通货马克的价值一落千丈，一度贬值为原来的一万亿分之一。

1924年，为打开僵持的局面，由美国财政家道威斯（1865年—1951年）领导的特别委员会制定了“道威斯计划”。自此，美国私人资本注入德国经济，法国也放宽了赔偿金的支付要求并从鲁尔区撤军。濒临崩溃的德国经济通过发行新马克，艰难地踏入重振阶段。

然而平静的状态并没能维持多久。1929年，美国因全球经济衰退回撤了投向德国的资本，致使德国经济迅速崩溃，并因此走向了对内强化军事体制、对外向东欧实行侵略的道路，欧洲陷入了新的危机。

亚洲的民族解放运动与多样化

一战的结束标志着欧洲霸权的衰弱，也引起亚洲各地区的诸多变化。在中东，战胜国英、法取代了奥斯曼帝国，影响力与日俱增；在印度，英国的殖民地统治权岌岌可危；在中国，受到美国、苏联、共产国际的影响，民族解放运动被进一步推进。

西亚的奥斯曼帝国解体后，英、法成了最大受益国。一战结束后，追随德国的土耳其沦为战败国，大部分领土都被瓜分。奥斯曼帝国的阿拉伯属地虽仍保留了部落制度，但却成为了英、法的“委任统治地”，土耳其的财政权也被英、法所控制。

面对这一局势，穆斯塔法·凯末尔·阿塔土克总司令（1881年—1938年）集结民族主义势力在安卡拉建立新政权，击退了受协约国支持、大举入侵土耳其的希腊军队。凯末尔废除了哈里发与苏丹制度，于1923年建立了土耳其共和国并出任首位总统。执政期间，凯末尔施行了一系列改革，包括解放女性、采用罗马字母等，将土耳其西方化、现代化。同年，土耳其与协约国签订《洛桑条约》，恢复了独立主权。

阿拉伯世界因哈里发制度的废除而失去了统治中心，英国与法国根据战时为瓜分奥斯曼帝国而秘密签订的《赛克斯—皮科协定》，取得了伊拉克、叙利亚等地的委任统治权。1917年，英国发布了《贝尔福宣言》，赞成犹太人在巴勒斯坦建立民族家园，这招致阿拉伯人的强烈反对，也为第二次世界大战结束后的“巴以冲突”和中东战争埋下了祸根。

在伊朗，礼萨汗（1925年—1941年在位）创建的巴列维王朝（1925年—1979年）以土耳其为蓝本推进了国家西方化。

一战时，英国为获得印度的协助，许诺战后给予印度自治权。然而到了战后，英国却出尔反尔，既没有履行约定，还颁布了《罗拉特法案》镇压印度的民族独立运动，该法案规定警察有权执行任意逮捕、不经公开审讯即可将人投入监狱。对此，以印度教信徒为中心的国民大会党在圣雄·甘地（1869—1948年）的领导下，发起了带有强烈宗教色彩的“非暴力不合作”运动。1929年，甘地提出实现“印度完全独立”的目标，进一步激化了民族解放运动。针对掌控食盐专卖权的英国，甘地组织了大规模的“制盐运动”，重重打击了英国殖民政府。

在中国，相对于欧洲势力的式微，日本与美国则加快了入侵的步伐。华盛顿会议（1921年—1922年）期间，与会国签署了规定主力舰限额与排水量的《限制海军军备条约》，约定维持太平洋现状的《四国条约》以及有关中国问题的《九国公约》，“华盛顿体系”由此建立。会后，英日同盟被废止，而要求中国实行“门户开放、机会均等”原则的美国则强化了自身的优势地位。

1919年，北京大学生抗议巴黎“和平会议”的决策，掀起了“五四运动”。那时中国正因军阀割据处于分裂时期，五四运动揭开了20世纪20至30年代全民族解放运动的序幕。同时，中国相继成立了国民党与共产党。1924年，国民党领导人孙中山在苏联与共产国际的撮合下和共产党达成了国共合作。中国20世纪20年代至30年代的民族独立运动与苏联、共产国际、美国和日本互相牵连，受到了全世界的瞩目。

1925年，孙中山逝世。同年，上海发生“五卅惨案”，引发了一场声势浩大的反帝国主义运动。蒋介石（1887年—1975年）借此机会率国民革命军誓师北伐（1926年—1928年），意图推翻各地的军阀统治，武力统一中国。总之，中国的民族独立运动正是以战争与起义的形式，伴随军阀的分裂聚散而展开的。

北伐战争期间，工人运动、农民运动也蓬勃兴起。1927年，蒋介石在上海发动政变镇压共产党。此后蒋介石继续领导北伐，并于1928年于形式上实现了统一。对此，共产党则在广大农村进行土地革命，壮大势力。1931年，共产党于江西省瑞金成立了中华苏维埃共和国临时中央政府，与蒋介石打起了内战。中国的民族独立运动与印度不同，接二连三的战争与起义迅速造成了国土的荒废。

第二节 令“大世界”分崩离析的全球恐慌

汽车拉动的大众消费社会

一战后，美国摇身一变成为世界最大的债权国，以汽车工业和电器业为中心，拓宽了“物欲之边境”。人类的各种欲望被挖掘并转化为产品，美国生活方式对物质的追求，促进了大众消费社会的形成，纽约的摩天大楼建筑群即象征了这一时期的繁荣经济。

20世纪20年代，美国的城市生活方式发生了巨大的变革，民众的生活质量有了明显提升。随着汽车与连锁商店（超市的原型）等新兴战略产品的普及，美国农村也逐渐向城市生活看齐。通过经营连锁商店赚得盆满钵满的伍尔沃斯公司（Woolworths）耗费1153吨钢材，在纽约建造了高达240米的伍尔沃斯大楼，这是美国最早的摩天大楼之一。

美国汽车时代的先驱车型是福特（1863年—1947年）发售

的福特T型车，该款汽车价廉且实用。大批汽车的涌现改变了空间秩序，而支撑汽车工业生产的则是科学管理理论体系“泰罗制”。泰罗制是利用移民单一作业的生产方式，其将生产过程尽可能精细化、标准化，制造出适用于每一道工序的专业器械，在流水线上大批量组装统一、精确的通用零部件。运用该制度生产的产品数量与种类，都达到了前一世纪（19世纪）难以匹敌的规模与精度。

美国的“资源消耗型”大众消费社会以数量庞大的外来移民为基础飞速发展。20世纪，舒适的美式生活方式也渗透入欧洲、亚洲等“小世界”。

泡沫破灭引发全球经济大萧条

20世纪20年代后半期，高歌“永远繁荣”的美国经济进入了泡沫期。占世界工业总产量42%的美国工业生产到达了极限，无处可去的资金转入股市、住宅及土地进行投机。同时，全球农产品价格的下行也拖累了农业。1928年以后，美联储四次加息试图遏制股市泡沫，但证券公司却从银行以外的地方融资以维持股价。

1929年10月24日，华尔街的证券交易所突然出现大崩盘，股票价格迅速贬值为原来的一半。危机发生后，美国市场消费萎缩，街头挤满了失业者。尽管泡沫崩溃并不罕见，但当时刚走马上任的第31任美国总统胡佛（1929年—1933年在任）却盲目信任经济的自动调节机制，没有采取任何有实质意义的措施，自由放任事态恶化。总统面对泡沫奉行的不干预政策最终致使全球经济步入深渊。四年内，美国的工业生产力锐减一半。1933年，美国每四个人中就有一名失业者。

恐慌并没有止步于美国国内。美国银行为了应对危机，撤回了所有投于海外的资本，导致欧洲经济也走向崩溃，经济恐慌成为了世界性问题。1931年，奥地利最大的银行破产。之后，德国的大银行也宣告破产，金融危机开始波及欧洲，尤其是德国。当时德国一共有600万人失业，社会状况受到了毁灭性打击。

如前文所述，一战结束后，战败国德国引进美国资本复苏经济，支付英、法的赔款。英、法再用收到的赔款偿还曾向美国筹措的战争债务，由此形成了一个经济循环。但是，在全球经济衰退时期，美联储提高了利率，导致欧洲的资金逆流入美国，欧洲经济因此迅速崩溃。

全球经济大萧条造成世界工业生产总值和贸易额分别降低了44%与65%。各国陆续退出金本位制，宣布本币贬值，并提高关税率，力求增加出口，抢占国际市场。

这一时期，苏联因实行计划经济，并未受到经济大萧条的影响。美国采取“新政（New Deal）”，试图兴建公共工程增加就业并吸收过剩物资，但由于国内缺乏资源与充裕的资金，所以未能从根本上消除经济危机。在这样的局势下，拥有众多殖民地的英、法等国家在本国与殖民地之间组建了排他性的经济集团。例如，英国麦克唐纳的国民联合内阁（1931年—1935年）在加拿大首都渥太华召开联邦会议，决定于英联邦内实行低关税，并向从其他国家进口的产品征收200%的关税。另一方面，对既没有殖民地资源也十分贫瘠的德国、意大利和日本而言，在全球经济大萧条降临之时，除了发动战争外没有任何自救之道。

经济危机助法西斯主义抬头

一战后，意大利陷入严重的经济危机，群众革命运动不断高涨，墨索里尼（1883年—1945年）借此机会组建法西斯党，以团结国民、维持秩序的名义举行街头游行。虽然他“进军罗马”的政变尝试失败了，但却成功得到国王的支持，建立了法西斯政权。法西斯政权颁布的新选举法规定，获得选举投票总数25%以上的第一大党可占据三分之二的席位。1928年，墨索里尼确立了法西斯党一党独裁体制。

全球经济大萧条造成德国600万人失业。此时，前途渺茫的中产阶级与农民转而拥护希特勒（1889年—1945年）领导的纳粹党，使纳粹党在1932年当选为德国第一大党。1933年，成为总理的希特勒效法意大利法西斯党，操纵国会颁布《委任内阁全权法案》，巩固了独裁体制。

1934年，希特勒成为第三帝国元首。他通过修筑高速公路与培植汽车工业消除了严重的经济萧条，国民支持率因此节节攀升。可见，经济危机造就了当时权力过度集中的独裁政权。

此后，希特勒开始高举民族主义大旗实行对外侵略。1933年，德国退出国际联盟。希特勒重整军备，于1936年出动德军占领莱茵非军事化地区，打破了区域集团安全的保障体制[1]。另外在1935年以后，纳粹对犹太人的迫害也愈演愈烈。

西班牙内战（1936年—1939年）爆发后，纳粹德国和法西斯意大利向佛朗哥将军（1892年—1975年）率领的保守派提供了援助，他们推翻了人民阵线政府，进一步提升了法西斯势力的影响力。

过程复杂的第二次世界大战

第二次世界大战是在全世界经济大萧条的背景下爆发的复杂战争。与一战相同，二战也起始于以民族主义为号召力的收复失地行动。因一战失去东欧领土的德国与苏联签订《苏德互不侵犯条约》，同时秘密协议瓜分波兰。之后苏德两国军队分别从东西两面入侵波兰，开启了二战的序幕。

德国入侵波兰后，英、法政府对德宣战，第二次世界大战

[1] 即《洛迦诺公约》。

全面爆发。但因英、法期待德国与苏联自生嫌隙，所以对德宣而不战，按兵不动，奉行了绥靖政策。然而到了1940年，德国发动闪电攻势，先后侵占丹麦、挪威、荷兰与比利时，随后进攻法国，占领了巴黎。

1941年6月，石油资源匮乏的纳粹德国单方面撕毁《苏德互不侵犯条约》，发动德苏战争入侵苏联。1942年，德军长驱直入，深入至距莫斯科40公里远的区域。

但是，到了1943年6月，30万德军在斯大林格勒会战中被苏联歼灭，扭转了苏德战场的局势，苏联红军自此从战略防御转入了反攻阶段。同年5月，意大利军队在北非战场彻底败给了英国军队。墨索里尼垮台后，意大利于9月投降。

1944年6月，同盟国军队在法国诺曼底登陆，开辟了欧洲第二战场，并在8月解放了巴黎。此时，德国陷入了东线和西线的两面夹击之中，已是强弩之末。1945年5月，柏林被攻克，希特勒战败自杀，欧洲战争宣告结束。

“九一八事变”与日本侵华战争

让我们再把目光转回亚洲，当时日本尚未能解除“昭和金融危机”，又受到全球大萧条的重创，经济情况急转直下。由于日本丝绸制品的对美出口量骤减，使养蚕农户遭受了致命打击，再加上东北农村的严重歉收，令国内农业陷入了行将崩溃的境地。与此同时，日本的城市地区也频频发生劳动纷争。到了20世纪30年代，国民党高级将领张学良（1901年—2001年）在日本当时最大的企业满铁所经营的中国铁路周边建设了多条几乎相同的铁路，迫使满铁的生意江河日下，濒临破产。日本的经济环境可谓阴云密布。

1931年9月18日夜晚，在奉天（今辽宁沈阳）北面8公里处的柳条湖附近，日本关东军引爆炸药，炸毁长约一米的满铁铁轨，并栽赃嫁祸于张学良军队，以此为借口连续起兵占领了几个重要城市，史称“九一八事变”。张学良为避免战事的扩大，下达了“不准抵抗，尽快撤退”的命令，导致关东军仅用五个月时间就占领了整个东北地区。1932年，关东军扶植大清帝国的废帝溥仪（1906年—1967年）执政，以新京（今吉林长春）为“首都”建立了伪满洲国。东北三省实质上沦为了日本的殖民地。

“九一八事变”爆发后，国民党与共产党间的内战虽然还在继续，但共产党基于欧洲反法西斯统一战线的举措，提出应该团结一致，共同抵抗日本的侵略，因此掀起了抗日运动。1936年，坚持“攘外必先安内”的蒋介石赶赴西安，想要加强打击共产党的力度，却在西安被已倾向于抗日的剿共指挥官张学良捉拿关押，史称“西安事变”。以这场事变为契机，国共两党迅速联合，在全国展开抗日运动。

趁中国内部分裂而大举入侵的日本军队，对声势愈发浩大的抗日运动感到焦虑不安。1937年7月7日夜晚，日军在北京郊外卢沟桥夜间训练时，借口一名士兵失踪（其实该士兵很快又归队了）而袭击中国军队，一步步地发动了侵华战争（1937年—1945年）。

日军最大的失算在于低估了中国的抗日运动，没有考虑到战争可能走向长期化。尽管日方在三个月时间内投入50万大军，以数万人阵亡的代价占领了天津、北京、上海、广州等主要城市，甚至还攻下了当时中国的首都南京，但是中方的抗战意志未曾有一丝消减，战争自此陷入僵局。

美日太平洋战争

对企图掌握太平洋霸权及经济侵略中国的美国而言，日本侵华战争深陷僵局的形势是一个实现世界政策的良机。然而，日本未能准确捕捉世界形势，过高估计了德国闪电占领法国的战果，在1940年与德国、意大利签订了《德意日三国同盟条约》，并占领了投降方法国在印度支那北部的殖民地。

1941年4月，日本与苏联签订了《苏日中立条约》。同年6月苏德战争爆发后，日本又在7月进驻印度支那南部。对此，美国与日本交涉，要求日军撤出中国，并警告说如果不同意撤军，则将停止向日本出口石油与废钢铁，这导致日本对美发动了战争。

日本为了维系侵华战争，只能前往东南亚攫取石油。于是，对能在短期内结束战争抱有一线希望的日本又向美国宣战。国土面积只有加尼福利亚州大小的日本，居然在中国与太平洋开辟了两个战场，实在是离谱至极。为了面子，军事当局主动选择了毁灭的道路。

1941年12月8日，日军偷袭夏威夷珍珠港，太平洋战争（1941年—1945年）爆发。

日本突袭珍珠港后，德国与意大利基于三国同盟条约，也向美国宣战，亚洲战场与欧洲战场合二为一。12月9日，中国国民党政府向日本、德国、意大利宣战。

1942年1月，美国、英国、苏联、中国等26国签订了《联合国家共同宣言》，二战成为了世界范围内的反法西斯战争。蒋介石担任盟军中国战区的最高统帅，把抗日战争也融为反法西斯战争的一部分。对此，日本方面则宣称其挑起的战争是为了摆脱欧美列强殖民统治的“大东亚战争”。而苏联则把这场战争命名为“伟大卫国战争”。

太平洋战争爆发初期，日本海军大举攻占太平洋，但当日军在1942年的中途岛海战中惨败之后，就被美国的密集型攻击打得节节败退。此后，美国不仅掌握了太平洋战场的主动权，也握有日本本土的制空权。于是，美军连续对日本多个城市进行无差别空袭轰炸，由此取得了战争优势。1945年6月，美国占领了位于东海入口的冲绳，并驻军建立基地。同年8月，美国向广岛、长崎投掷了两颗原子弹。

此外，美国在1945年2月召开的雅尔塔会议上要求苏联对日作战。同年8月9日，苏联单方面废除了《苏日中立条约》，进攻中国东北地区。

1945年8月15日，日本向同盟国无条件投降，第二次世界大战结束。二战后，美国牢牢控制了太平洋的霸权，东亚与欧洲形成了以美苏为两极的对峙格局。

第三节 美国的经济霸权与冷战

美元推动了世界经济一体化

在过程复杂的第二次世界大战中，欧洲战场与亚洲战场合二为一，战争规模远超第一次世界大战。二战不仅让战败国德国、日本、意大利遭受重创，还让因德军空袭而不得不筹措巨额军费的英国以及被德占领的法国一同进入了衰退期。苏联也因与纳粹德国的大规模战争受到了严重的经济损失。结果，只有美国是二战真正意义上的胜利者。

美国的经济规模在二战中增长了两倍有余。战后，美国的工业产量占据了世界工业生产总量的半壁江山，黄金储备量更是达到了世界总量的80%。为了从惨烈的战争中恢复元气，不论是欧洲还是亚洲都处于不得不依赖美国援助的状态。

世界经济进入了由一个经济大国控制的时代。1944年，各国在布雷顿森林会议上商讨战后国际经济的复苏方案，确立了以美元为中心的国际货币体系。会议主要制定了以下两点：①美元是唯一与黄金挂钩的通货（1盎司黄金可交换35美元）；②其他国家的货币与美元挂钩，实行固定汇率制度，美元成为了唯一的世界通货。布雷顿森林体系就此确立，世界史开始以来首次出现了单一货币在全球流通的现象，这是地球空间在经济层面的整合。

美国积极发挥世界经济老大的作用，启动“马歇尔计划”重建欧洲经济，并借助经济、军事上的优势与民主主义思想着手争取全球霸权。在政治上，美国利用联合国等全球性政治组织确立了政治霸权地位；在经济上，美国则通过以作为主要货币的美元为主导成立了世界经济体系。

美国是反法西斯同盟国的核心国，战后则成为了联合国安全理事会常任理事国，享有一票否决权，所以美国想借此建立战后的世界秩序。不过，这一战后布局却因美国与苏联的冷战而很快遭遇了挫折。

40年的美苏冷战将世界一分为二

苏联凭借击溃纳粹德国的战绩、强大的军事力量与社会主义思想，迈入了新的道路。苏联的战略是以社会主义观念建立超级大国，通过扩大统治领域来弥补经济上的不足，进而挑战美国的国际地位。

二战时期，苏联占领了约有一亿人口的东欧。在1945年召开的雅尔塔会议上，美、英两国承认苏联拥有对东欧的合法控制权，于是苏联开始在东欧建立社会主义阵营。斯大林把苏德战争标榜为“伟大卫国战争”，领导苏联获取了相当于英国、意大利和希腊国土面积总和的广阔疆域。作为占据地球六分之一大陆面积的“陆地帝国”，苏联的势力范围横跨欧亚大陆。战后，称霸大洋、影响力延伸至西欧和日本的海洋帝国美国，与欧亚的陆地帝国苏联发生了尖锐的矛盾冲突。

除希腊之外，其他东欧各国都被划入社会主义阵营，这让美国产生了危机感。1947年3月，美国第33任总统杜鲁门（1945—1953年在任）提出“杜鲁门主义”，向希腊、土耳其提供军事援助，表明将对不断扩张势力的苏联采取“军事封锁政策”。该主义提出，不论在哪里，只要有地区受到苏联势力的威胁，美国都将视之为破坏美国安全保障的行为，并立即出面干涉。

同年6月，美国发布“马歇尔计划”，决意主导欧洲各国的经济复苏。美国确立主导权的根本原因在于强化对苏联的屏障，遏制其扩张的倾向。

面对美国的一系列举措，苏联也做出了反击。首先，苏联成立了共产党和工人党情报局，加强与东欧各国、西欧共产党间的联系。这一组织也取代了1943年在二战时解散的共产国际。紧接着，苏联在1948年实施柏林封锁，致使欧洲东西方的对抗更加严重，冷战（1947—1989年）的序幕就此拉开。

以美国为主的自由主义阵营，其核心是1949年建立的北大西洋公约组织（NATO，简称“北约”），即美国与欧洲横跨大西洋的军事同盟。而共产主义阵营的核心则是同年组建的经济互助委员会（COMECON）与1955年成立的华沙条约组织（WTO，简称“华约”）。从另一个角度来看，冷战也可以说成是海洋网络与陆地网络的对决。

改变世界秩序的“第三势力”

二战瓦解了欧洲各国在19世纪建立的世界殖民体系。“大世界”的中心衰退后，外围国家纷纷在政治上宣布独立。

二战后，在美苏冷战的背景下，亚洲与非洲接连不断地涌现出新兴国家。美苏为了把新兴国家拉入自己的阵营，承认了这些国家的独立性。也正因为这一点，1945年至1964年间，有多达53个国家宣布独立（亚洲20国，非洲33国）。新国家的人口占到世界总人口的30%左右。之后，国家数量也在持续增加，到今天，全世界一共有195个国家。

1955年，万隆会议在印度尼西亚召开，这是亚非各国政府代表第一次举办的政府级别国际会议，可谓世界历史进程的里程碑。会议提出了包括反殖民主义、尊重民族主权、承认一切种族平等在内的五项和平共处原则，给往后的反殖民运动带来了深远影响。在印度总理尼赫鲁（1889年—1964年）、印度尼西亚总统苏加诺（1901—1970年）、埃及总统纳赛尔（1918年—1970年）、中国总理周恩来（1898年—1976年）的带领下，大多数亚非新兴独立国家都没有加入美、苏任一阵营，而是作为第三势力对世界史的动向保持一定的影响力。

新兴独立国家继承了原殖民时期的领土，虽然以国民国家的形式达成了独立，却依然保留了部落制度与旧时经济关系。所以在19世纪以后，世界各国政治、经济体系的发展越来越不平衡。这一时期，欧洲过去花费漫长时间主导建立的交通、通信网尚还完备，战后的世界以此为前提完成了重组。

始于朝鲜战争的核武器竞争

1949年中国共产党取得了解放战争的胜利，宣布中华人民共和国成立。东亚的力量平衡因此被打破，世界危机的中心从欧洲转移至亚洲。

1950年，扬言要军事统一朝鲜半岛的朝鲜军队越过三八线（北纬38度线）袭击韩国，发动了朝鲜战争（1950年—1953年）。当时，美国在苏联代表抗议中国代表席位被台湾国民党政府继续占有而缺席安理会的情况下，通过了认定朝鲜是侵略者的决议，组织联合国军队武装干涉朝鲜，把朝鲜军逼至中朝边境的鸭绿江附近。

对此，中国派出志愿军抗击联合国军，战争实质上变成了美军与中军在朝鲜半岛对峙的局面。同一时期，美国还派出舰队驶入台湾海峡，令中国共产党政权与台湾国民党政权保持长期对立的状态。朝鲜半岛上，美军、中国人民志愿军、朝鲜军、韩军你来我往，互相对峙，成为了一个充斥着危机的空间，对全世界造成了影响。

朝鲜战争进入胶着状态后，美国原决定使用原子弹终结战争。但在征集了五亿人签名的《斯德哥尔摩宣言》等国际舆论的压力下，美国打消了动用核武器的念头。1953年7月，经过多轮谈判，参战各方终于签订了停战协议。

此后，美、苏展开了制造洲际弹道导弹（ICBM）、核武器、有毒瓦斯、生物武器等大规模杀伤性武器的军备竞赛，推进研发更具效率的武器。两个超级大国对地球空间的争夺威胁到了全人类，简直是19世纪末英、德造舰竞争的20世纪升级版。

美、苏两国间的冷战未曾诉诸直接武装冲突，而是一场在世界范围内发生的长期紧张对峙局势。换一个角度来看，这也是海洋帝国美国与欧亚陆地帝国苏联争夺霸权地位的军事对立。冷战把世界空间一分为二，将以军需为支柱产业的美国从战后的经济萧条中解救了出来，也加强了苏联作为社会主义“盟主”的影响力，同时还提高了印度总理尼赫鲁、印尼总统苏加诺等主导的第三势力的话语权。

1962年，苏联着手在刚结束社会主义人民革命的古巴建设导弹基地。美国得知此事后，采取海上封锁并要求苏联撤走已经部署的攻击型武器。美苏的冲突进一步被激化，核战争一触即发。不过，苏联最终妥协让步，避免了即将爆发的世界危机。

这次激烈的碰撞，让美、苏认识到冷战暗藏引发核战争的危险，对峙局面有所缓和。不过，由于彼时中国对美实行强硬政策，所以苏联对美态度的缓和，又催生了中国与苏联之间的冲突。

持续的冷战让军事同盟遍布全世界。苏联不断推进核武器与洲际弹道导弹的研发，美苏的核武器军备竞赛似乎永无止境。但是，已达到现代技术极限的军备竞赛让美苏消耗了大笔军事费用，大大阻碍了两国的经济发展。受到两国核军备竞争的余波影响，核武器扩散至全世界，让人不得不担忧，未来如果狭隘的民族主义与核武器相结合将引发核战争。

第四节
跨国企业的普及与地球空间秩序的转换

世界经济因货币的变动而失去根基

20世纪60年代是美国高速发展的黄金时期，但由于日本和欧洲各国经济复苏，朝鲜战争与越南战争（1965年—1973年）支出了巨额军费，跨国公司迅速崛起，让美国渐渐失去了经济优势。1971年，第37任美国总统尼克松（1969年—1974年在任）为防止黄金外流，宣布停止美元兑换黄金、对国外进口商品一律征收10%的关税等政策。

美元与黄金脱钩意味着国际货币的消失。1973年，在新政策引起的混乱之下，世界各主要国家开始全面转变为浮动汇率制度。浮动汇率制度根据外汇市场的供求关系自由涨跌，是一种极为不稳定的制度。而黄金的价格也完全交由市场决定，1980年1盎司黄金可兑换850美元（曾经是35美元），到2011年则可兑换1920美元，世界秩序因此变得复杂且充满不稳定性。

20世纪80年代，共和党出身的第40任美国总统里根（1981年—1989年在任）执行了名为“里根经济学”的政策，该政策的主要内容是削减除军费以外的财政支出、对富裕阶层减税、放宽政府制度的限制、严格控制货币供给量。结果，美国财政赤字扩大，美元汇率上升，出现了高贸易逆差和高债务水平的“孪生赤字”问题。1985年，自一战后的70年以来，美国首次由债权国转为世界上最大的债务国。但是，背后有高生产率、高消费率支持的美国生活模式还是通过全球网络传播至全世界，改变了各地社会的传统形态。

跨国企业重组地球空间

在经济层面，虽然20世纪60年代以后，发达工业国对发展中国家提供开发援助，试图缩小两者间的差距，但是财富仍旧回流入欧美强国，经济差距越来越大。

世界经济体系的不平衡造成贫富差距日益悬殊，发展中国家的贫困与饥饿问题一直难以得到有效解决。虽然1964年成立的联合国贸易和发展会议（UNCTAD）修改了原本有利于发达国家的国际贸易交易条件，力求制定新的经济秩序，但是对外贸易结构却依然如故。

1973年，埃及与叙利亚发动了第四次中东战争，预备收回在第三次中东战争中被以色列侵占的西奈半岛和戈兰高地。战争中，阿拉伯石油输出国组织（OAPEC）动用了石油武器，将油价提至原来的四倍并大幅减产，这立即让发达国家的经济陷入一片混乱，史称“第一次石油危机”。

能源价格的飞涨重挫了发达工业国，将全球经济带入停滞性通货膨胀的泥潭，企业在世界市场的竞争加剧。中东各国控制了石油资源，从西方石油公司手中夺取了国际石油定价权，廉价能源支撑的繁荣战后经济就此终结。面对经济危机，各企业把生产工厂迁至人力成本低廉的发展中国家，进一步激化了竞争。崛起的跨国公司迅速在全世界发展经营网络和建立垂直细分化的产业体系，成为复杂地球空间的主导力量。从1967年至1987年，跨国公司的对外直接投资存量提升了9倍，美国把五分之一的工业生产基地都转移到了海外，国际银行、跨国公司成为了经济全球化的主要发动机。

为了应对经济空间的全球化，自1975年起，世界最发达的六个国家（之后又加入了加拿大、俄罗斯，共为八国）的国家元首及政府首脑每年都会召开峰会，讨论各种议题。

1979年，伊朗革命爆发，革命政府减少了石油供应量。之后伊朗、伊拉克又爆发了两伊战争，两国石油出口完全停止，石油价格再次大涨，飙升至原来的2.5倍，也即“第二次石油危机”。1980年，油价从战后长期保持的每桶不足2美元猛增至32美元，巨额财富如潮水般涌入控制石油资源的产油国。中东金融中心迪拜就以石油财富建造了160层的摩天大楼哈利法塔，高度是曾经风靡一时的纽约帝国大厦的两倍。与此相对，发达工业国则因能源成本的急剧上升而被长期通缩的阴影所笼罩。不过，美国对廉价页岩油的开采生产又令石油价格出现了下跌的势头。

全球金融的投机浪潮

1971年，“美元冲击”（尼克松冲击）致使以美元为中心的金汇兑本位制崩溃，随后的两次石油危机又造成了大范围的经济萧条。在这一背景下，战后的布雷顿森林体系瓦解，追逐利润的资金开始在全世界流动，由此进入了金融投机的时代。美国不断增加的跨国公司数量，产生了大量未回流美国的美元。这些短期资金与产油国在石油危机爆发后累积的石油财富，全都流向了欧洲金融市场。欧洲金融市场的巨额短期资金为获取利润而展开了投机性质的金融交易。流动性过剩的欧洲美元（在欧洲交易的美元）市场不断膨胀。过剩的资金存量与低迷的利润率吸引了投机套利行为，全球经济在“泡沫出现”与“泡沫崩溃”的过程中不断循环。

20世纪90年代，因特网打造了全球规模的电子空间，加速了资产证券化、全球化的进程，使得金融交易的模式变得越来越多样，投机范围扩展至整个世界。经济学家水野和夫认为，自1995年至2007年12月（峰值水平），全球金融资产从63.9兆美元上升至186.2兆美元，共计增长了122.3兆美元。这里所说的全球金融资产指的是全球股票总市值、债券发行总额与存款总额之和。[1]

1997年，泰国宣布实行浮动汇率制，导致外汇及其他金融市场一片混乱，随后韩国与印尼也受到波及，亚洲金融危机爆发了。21世纪初，美国对IT产业的过剩投资致使互联网泡沫破灭；2008年，美国的次贷危机显现，雷曼兄弟公司因此破产，证券市场的泡沫也因此崩溃，一场金融风暴横扫全球。

雷曼事件发生后，美国联邦储备委员会（FRB）为重建国内经济增发美元，实行了量化宽松政策。大量美元作为短期流动资金进入世界各国的证券、债券、商品市场，增加了全球经济的不稳定性。

另一方面，自20世纪80年代起，亚洲因跨国公司资本与技术的转移，出现了韩国、中国台湾、新加坡、泰国、马来西亚等新兴工业化经济体（NIEs）。之后，中国借鉴新加坡的经验设立经济特区，带动了经济发展。进入21世纪，越南、菲律宾、缅甸等国也紧跟其后加快了经济增长，广阔的亚非地区通过吸引外资、引进技术的方式促进了工业化进程。

国际经济的变化孕育了全球规模的市场细分及经济连锁，发达工业国之间的竞争扩展至拥有其三倍人口的BRICS（金砖国家，包括巴西、俄罗斯、印度、中国与南非），甚至是跟随在BRICS之后的众多国家。

[1] 出自《全球经济大潮流》。

第五节 第六次空间革命与多样化的世界

信息技术革命建立了全球电子空间

20世纪70年代，信息革命随着以电脑、通信、软件为核心的产业结构变化而不断发展，拉开了第六次空间革命的帷幕。

美国未来学家艾尔文·托夫勒（1928—）在《第三次浪潮》中预测，多方面利用电子的信息革命将是继农业革命、工业革命后人类史上的又一个里程碑，世界将会逐渐脱离工业化。托夫勒认为，全球一体化使地球任何角落都可以产生财富，但这些财富都被积累于服务器之中，并不具备实体形态。所以，新的财富源于对电子空间的开发，以此传递各种电子信息资源。

因特网原本是用于军事目的，之后逐渐被转为民用，成为了连接全球的信息基础设施，也即电子空间的“主干”。此后，金融、气象、农作物等信息在地球空间高速传递，形成了由ATM、手机、邮件、社交网络等组成的全球电脑空间。电脑作为新兴战略产品，其信息处理能力每1.5年都增加2倍，成本则在30年间减少至原来的千分之一。如果使用光纤技术的话，电脑瞬间就能处理9万本书籍的信息。

美国将这些技术实用化，不仅构建充分保证创业者利益的体系，同时也进入了把电子空间作为财富源泉灵活运用于各方面的阶段。

运用电子空间的社会变革，引发了全球的虚拟空间革命，其规模足可以与大航海时代相匹敌。

“网络空间”直到20世纪末才姗姗来迟，这是一个与陆地和海洋截然不同的“异次元空间”。它接二连三地孕育了新的商机，规模越来越庞大。数字信号文明方便又实用，把所有信息都转换为电子符号进行交换，大范围地取代了模拟信号文明。而且，能传递庞大信息的电子空间也让更多人活跃于世界舞台，Facebook的用户数量据说就已经达到了12亿人以上。目前，电子空间的最终形态还未有定论，地球空间的秩序将会被继续调整、重组下去。

电子金融空间与金融帝国美国

20世纪末冷战结束后，美国、欧洲、俄罗斯等国家，分别拟定了扩大支配空间的战略性目标。从英国手中继承“海洋帝国”的美国，开始利用电子金融空间强化自身霸权；德国、法国通过欧盟重组“陆地帝国”；俄罗斯的目标是能源帝国。接下来，我将对这些国家的目标做一个简要的说明。

首先，被各国追赶、逐渐失去工业竞争力的美国结合IT技术与金融自由化，开发了电子金融空间，希望通过对货币、证券、期货市场等相关系统的打造，重建经济霸权。

20世纪80年代以后，华尔街凭借金融交易的技术开发，把电子空间塑造成了高效率的投资空间。美国研发了运用于电子空间的新金融体系，通过对冲基金等国际金融资本开发了利用他人资本提高利益的杠杆技术。电子空间将各区域的经济类型一体化，形成了突破国家框架的国际资本主义。自1995年起，美国政府转向支持“强势美元政策符合美国国家利益”的观点，美元地位在政府的支持下大幅回升，全球的资金源源不断地涌向美国，金融行业以超过30倍的杠杆赚取了大量财富。

美国的金融行业通过金融体系标准化，把交易空间扩展至世界各地。国际金融活动综合浮动汇率制、货币价值符号化、电子汇款、会计制度标准化、证券交易国际化、证券化技术、卖空等各种条件，将资本主义从实物投资转化为金融投机。美国给能同时渗透入“大世界”与“小世界”的庞大电子金融空间附加了更多的功能，因此成为了集中全世界剩余资金的金融帝国，坐拥几倍于实物经济的巨额金融资产。

依赖能源资源的俄罗斯

苏联是冷战的另一个重要角色。20世纪70年代，苏联体制由于军需压迫民需、中苏冲突与边境纷争、阿富汗战争（1979年—1989年）败北、农业政策失败、经济运营体制的官僚化导致的非效率与低劳动意愿、落后的生产与物流系统、苏联共产党权贵阶层腐败等因素陷入了僵局。另外，东欧地区的民众也对苏联在主张“有限主权论”的社会主义旗帜下，干涉东欧国家内政以及官僚拥有特权的现象怨声载道。

在这一背景下，苏联的财政因粮食危机和军事侵占阿富汗失败而日益恶化。1985年，戈尔巴乔夫（1931年—）升任苏联共产党总书记，他针对信息公开、行政、经济等诸多方面实行了体制内的改革，缓解苏美矛盾，并表达了裁军的意愿。

但是，这场改革为时已晚。苏联共产党受1989年东欧剧变的波及，于1991年发动政变失败，共产党随之解散，苏联也随之解体，成立了独立国家联合体（CIS）。苏联抛弃社会主义的决定震惊了全世界。1989年，戈尔巴乔夫与美利坚合众国第41任总统布什（1989年—1993年在任）在地中海的马耳他宣布冷战结束。这同时也表明两国停止了扩充军备，两个超级大国强强对决的时代就这样结束了。

此后，地处高纬度的俄罗斯积极建设输油管道，希望从过去的毛皮大国转型为出口天然气与石油的能源大国，这是资源掠夺型帝国的重组。现在，俄罗斯外汇收入的近六成都依赖天然气与石油。不过，俄罗斯依然有诸多问题，例如政治家和官僚的腐败、贪污渎职现象的扩大、乌克兰东部等地的民族与领土纷争、经济过于依赖国际能源价格等。石油价格因页岩油开采而下跌的趋势也令俄罗斯非常苦恼。

欧洲试图向东南部扩充空间

1952年，在法国外长舒曼的牵头下，因两次世界大战而衰退的法国与德国成立了欧洲煤钢共同体（ECSC）。1958年，为了能让资本、商品、服务在欧洲区域内自由移动并通过政治主导实现“欧洲权利恢复”，各国又组成了欧洲经济共同体（EEC）。这些共同体启动了欧洲一体化的进程。另一方面，英国与北欧各国申请加入经济共同体被拒，于是成立了欧洲自由贸易联盟（EFTA）。

20世纪70年代，在世界经济大萧条的背景下，欧洲各国试图扩大欧洲市场。80年代，为应对金融自由化、全球化，英国等EFTA各国加盟了1967年三大机构合并而成的EC（欧洲共同体）。EC的参与国自此扩大至12个，其生产总值（GDP）超越了美国。但是希望借政治联盟扩充空间的欧洲共同体，依然是以19世纪的理念为基础扩大了陆地空间的统治权，这一行动继承了欧亚“小世界”的“陆地帝国”理念。

之后，《马斯特里赫特条约》签订，该条约的主要内容涉及了欧洲公民身份、欧洲议会、统一货币ECU等。以此为基础，1993年，《马斯特里赫特条约》生效，整合资源、服务、市场的“欧洲联盟”（EU，简称“欧盟”）宣告成立，实现了以重建欧洲为目标的政治一体化。1999年，欧洲中央银行（ECB）发行欧洲单一货币欧元，消除了汇率变动的风险，免去了换汇的手续费。但如前所述，EU的目标是成为一个超越国家的政治组织，并没有摆脱“帝国”的理念。在美国借助电子空间探索金融大国之路时，欧洲则选择了统一货币建立“欧元帝国”的道路。这正是大航海时代“陆地帝国”与“海洋帝国”对立的现代版本。冷战结束后，脱离苏联的东欧各国也加入了EU。2013年，EU成员国增至28国，截至2015年，欧元区共有19个成员国。

欧盟通过对东欧与西欧的资本输出扩大了陆地空间，正式向筹划从“海洋帝国”转型为“金融大国”的美国霸权发起挑战。然而2008年的“雷曼事件”及2010年的希腊财政危机让欧盟受到了重创，经济一蹶不振。

中国的崛起之路

1921年，中国共产党在上海成立。建党伊始，党员人数只有50余名。此后，共产党在抗日战争中以农村为根据地扩张势力，战后又赢得了解放战争，于1949年建立了毛泽东（1893—1976年）任主席、周恩来任总理的中华人民共和国，蒋介石率领的“中华民国政府”则败逃台湾。

建党仅20余年即完成卓越发展的共产党，统一了处于严重混乱状态的中国。新政府的目标是实行社会主义改革。1950年，新中国与苏联签订《中苏友好同盟互助条约》，开始在苏联的援助下进行社会主义建设。

但是，朝鲜战争爆发后，世界战力最强的美国海军第七舰队进驻台湾海峡，为“国民政府”架起了保护伞，再加上中国人民解放军赴朝参战，中美关系在这一时期跌至冰点。

另一方面，苏联共产党在斯大林去世后转而对美实行“和平共处”路线，使中国共产党与苏联的关系也产生了罅隙。毛泽东改革了苏联模式的社会主义，并加强了中国特色。他将所有土地国有化，把户籍划分为城市户口与农村户口，以农民为主要劳动力取得了蓬勃的经济发展。建立人事档案（共产党统一管理的个人记录）管理普通民众。

1976年，毛泽东去世后，邓小平（1904年—1997年）掌握了主导权。他提出建设四个现代化，即农业现代化、工业现代化、国防现代化与科学技术现代化，并借鉴新加坡，也在中国沿海地区设立经济特区和经济技术开发区，大胆地引进外资发展经济。他仿效从海洋空间取得资本的近代资本主义，引入海外华商资本，成功地实现经济增长。这一决策运用了“大世界”的框架，邓小平把新的尝试命名为“社会主义特色市场经济”，提出让一部分有机会的人先富起来的“先富论”，旨在利用一切可以利用的资源推动经济的发展。

雷曼兄弟破产后，中国推出一项总额高达4万亿人民币的投资计划，以此吸引外来投资，并学习美国在19世纪下半叶的“西进运动”，致力于开发内陆地区。此外，中国政府还通过建设城市、高速铁路、高速公路等基础设施，迅速推动经济发展。2016年，中国的GDP已超越日本，成为世界第二大经济体。各城市中，上海的经济增长尤为显著，1990年前还是一片农村的浦东新区，现已发展成为遍布四十层以上的摩天大楼的金融街区。

“未来之海”太平洋空间成为新焦点

占据地表面积三分之一的太平洋，由于实在过于广阔，所以很晚才走入人们的视野，并且也难以把沿岸各国联系在一起。这与运用资本主义与民族国家体系成功搭建了“大世界”

结构的大西洋截然不同。

不过，随着全球化程度加深，经济发展趋于饱和后，“第六次空间革命”建立起了全球电子空间，NIEs（亚洲新兴工业经济体）各国、中国等亚洲国家实现了高速的经济增长，这让约占世界GDP总量60%的太平洋周边区域，即北美、拉丁美洲、亚洲、大洋洲有能力塑造一个新的经济联盟，APEC（亚太经济合作组织）由此应运而生。

19世纪末至20世纪，美国确立了太平洋的军事霸权，但受冷战影响，美国未能建立经济层面的环太平洋合作关系。在其军事优势地位岌岌可危的状态下，美国的政治环境也愈加不稳定。太平洋作为欧亚“小世界”与从大西洋向西膨胀的“大世界”的连接点，原本就是一个极为不稳定的海洋空间。

2006年，东南亚的新加坡与文莱、新西兰以及智利共同签订了跨太平洋战略经济伙伴关系协定（TPP），旨在建立共同市场、减免关税。2010年，美国、澳大利亚、越南、秘鲁、马来西亚相继签署了该协议，之后哥伦比亚、墨西哥、加拿大、日本、泰国也表明了加入的意愿。各国的利益显然是存在冲突的，由于TPP中有一旦接受放宽限制就不能复原的“棘轮条款”以及外资投资人遭受损失可直接要求赔偿的“ISD条例”，所以使得各国的利益协调非常困难。不过，尽管太平洋沿岸各国拥有迥然相异的历史背景，与大西洋空间不同，但在经济全球化的趋势下，这些国家构建的“海洋体系”依然可能和过去的大西洋一样，形成海洋世界的新秩序。这也正是前文多次提及的空间扩大会催生新秩序的观点。另一方面，中国也在2014年于北京举办的APEC峰会上宣布了启动亚太自由贸易区进程（FTAAP）的构想。

占据三分之一地表面积、沿岸国家人口接近30亿人的太平洋能否引爆一个新的世界空间，显然是全世界都拭目以待的话题。

问题堆积如山的“大世界”

20世纪，喷气式飞机、铁路、航海路线、高铁、高速公路、因特网等构建的网络体系覆盖了地球，形成了多层地球空间。作为世界历史舞台的“空间”，从国民国家的固定体系转换为一直变动的全球网络，全球规模的物流、信息文化交流、移民等人口移动也变得稀松平常。

这样的变化扩大了区域、国家、阶层间的经济差距，造成了贫富差距两极化与饥荒人口增多等问题。其中最为严重的是各国对地球资源的无止境掠夺，而发展中国家的经济发展往往伴随着对资源的过度开发。

城市从五千年前起就是大自然的开发中心，人类将自然不断地转化为人工空间。当今全球大城市数量持续攀升，世界人口呈爆炸式增长。在约1830年，世界人口只有10亿，100年后增长至20亿，1960年为30亿，1970年左右到达40亿，而目前已经突破了70亿。与此同时，种植园也覆盖了全球的角角落落，滋养世界上各个角落的人们。

1972年，为应对酸雨危机，联合国在瑞典的斯德哥尔摩召开了联合国人类环境会议。同年，由25个成员国、70名成员组成的瑞士罗马俱乐部发表了名为《增长的极限》的研究报告。报告提出警告说，假如现有的世界人口依旧这样爆炸式增长，工业化、污染、食物生产以及资源耗减的趋势不作改变，那么我们这颗星球的增长极限将在未来100年内的某一时刻到来，其最有可能的结局将是人口和工业产值发生突然且无法遏制的下滑。联合国人类环境会议召开之后，布伦特兰委员会在1987年向联合国递交了研究报告，首次提出“可持续发展”概念，即让环境保护与经济增长共存的良性发展方式。

1992年联合国人类环境会议在里约热内卢召开并制定了《联合国气候变化框架公约》，1997年则出台了关于温室气体的《京都议定书》，这表现出人们对地球环境的日益重视。虽然我们已经在生活中切身体会到北冰洋冰川融化等全球变暖现象，但是新兴国家优先发展经济的政策却难以停下脚步。2011年3月11日的东日本大地震，由地震引发的日本海啸引起福岛第一核电站发生核泄漏，核电项目的风险重新浮出水面，如何实现与大自然和谐共存的开发成为了新的难关。

除了环境问题外，“大世界”还面临严重的失业问题。计算机与高科技技术能节省下大量劳动力，可世界人口却依然在持续增长。新生生命与雇佣机会间出现了极大的不平衡，并在全球范围内放大。文明自诞生以来已经过了五千年的岁月，可以说世界历史也即将进入一个大转换时期。

总结

在本书中，我扩展了卡尔·施密特的“空间革命”概念，并为了顺应当下的全球化浪潮而尝试以新的形式概述世界史。不过，孕育出历史的是人类本身。在人类生存方式的变化过程中，历史也随之发生了变化，这一变化是从生存到欲望全面开花，再到欲望逐一细化的过程。人类的生存感应（sensor）在经过千锤百炼后终被磨炼成为一种品味（sense）。

仔细想来，世界史从非洲大裂谷扩展至全球的进程，正与人类的生存、欲望开花、欲望细化处于同一轨道。本书的副标题“马·航海·资本·电子”也表明了这一点。人类通过马的空间形成能力连通了广大区域，之后又发挥了马的军事潜在力量形成了帝国，搭建了世界史的骨架。但是，地表面积的70%都是海洋。正如卡尔·施密特所言，是海洋空间进一步扩大了世界史的范畴，而“航海”则一举拓宽了世界史空间。大航海时代的商人和航海家受旺盛的欲望驱使，构建了由三大洋连通各大陆的新世界。但想从海洋牟取财富却并非一桩易事，需要找到新的方法去实现欲望。于是新的经济方式横空出世，人们驾船奔波各地，买卖商品获取利益。由于海洋上既没农田也无道路，所以商人只能发挥聪明才智，“以钱生钱”。这一背景催生了与批量生产农作物的种植园相结合的商业形式，金钱流通膨胀为“资本”。最先被大批生产的商品是砂糖，砂糖的甜味满足了人类味觉上的欲望。当今世界的砂糖产量极其庞大，可见广域的“资本”运作开启了物欲时代，壮大了空间规模。

砂糖的增产让生产咖啡、茶（红茶）、可可等嗜好品的种植园也随之扩大，唤起了始于棉纺织业的工业革命。机器与化石燃料驱动的蒸汽机成为了铁路、蒸汽轮船的动力，运用这些交通工具能够大量运输生产于城市的多种商品，人类的欲望因此拓至全球。

但是，欲望引起的矛盾冲突也变得越来越激烈，强者争相夺取地表空间，在20世纪上半叶爆发了两次世界大战，下半叶又频频发生局部战争。20世纪70年代以后，国际银行、跨国企业的资本活动在全球范围展开，世界进入了经济全球化时代。在这一局势下，70年代开始的信息技术革命构建了将“电子”高度应用于通信、信息传递的计算机社会，自此虚拟空间覆盖了全球。这是继陆地、海洋后的“第三空间”，计算机空间被运用于全球信息传递、金融、物流、社交等方方面面，加速改变了人类社会。现在进行时的“空间革命”让一切事物都变得落后于时代，各行各业都在追求新生的机会。

“空间革命”的历史构成概念能把世界史与动态变化的当今完美结合。本书从“空间”解读世界史的目的也正在于此。

2015年3月

宫崎正胜

参考文献

Arnold Toynbee 桑原武夫等译，《图说历史的研究》，学习研究社，1976年

长谷川松治译，《爆发的都市》，社会思想社，1975年

Immanuel Wallerstein 川北稔译，《现代世界体系》Ⅰ，岩波现代选书，1981年

丸山勝译，*Post-racial America*，藤原书店，1991年

川北稔译，《现代世界体系1600-1750》，名古屋大学出版会，1993年

Alvin Toffler 德冈孝夫监译，《第三次浪潮》，中公文库，1982年

Eric Williams 川北稔译，《从哥伦布到卡斯特罗》Ⅰ·Ⅱ，岩波现代选书，1978年

Eric John Ernest Hobsbawm 安川悦子等译，《资产阶级革命与工业革命》，岩波书店，1968年

伊东俊太郎，《比较文明》，东京大学出版会，1985年

Ibn Khaldun 森本公诚译，《历史学导论》1・2，岩波文库，2001年

岩村忍，《文明的经济构造》，中公丛书，1978年

《西亚与印度的文明》，讲台社学术文库，1991年

伊豫谷登士翁，《改变面貌的世界城市》，有斐阁，1993年

越智敏之，《始于鱼的世界史》，平凡社，2014年

Philip D. Curtin 田村爱理等译，《世界历史上的跨文化贸易》，N T T出版，2002年

F・Dos编，浜名优美监译，《布罗代尔帝国》，藤原书店，2000年

Henri Frankfort，曾田淑子等译，《古代东方文明的诞生》，岩波书店1962年

P. D. Smith 中岛由华译，《城市的诞生》，河出书房新社，2013年

M. N. Pearson 生田滋译，《葡萄牙与印度》，岩波现代选书，1984年

Michel Beaud 笔宝康之等译，《资本主义的世界史》，藤原书店，1996年

金子常规，《兵器与战术的世界史》，原书房，1979年

Sidney W. Mintz 川北稔等译，《甜蜜与权力》，平凡社，1988年

冈田英弘，《世界史的诞生》，筑摩Library系列，1992年

川胜平太，《文明的海洋历史观》，中公丛书，1997年

Carl Schmitt 生松敬三／前野光弘译，《陆地与海洋：世界史的观察》，福村出版，1971年

川添登，《都市与文明》，雪华社，1965年

Juliet. Clutton - Brock 樱井清彦监译，《图说马与人类的文化史》，东洋书林，1997年

Kenneth Pomeranz／Steven Topik 福田邦夫／吉田敦译，《经济全球化的诞生》，筑摩书房，2013年

小林高四郎，《东西文化交流史》，西田书店，1975年

佐口透编，《东西文明的交流》4，平凡社，1970年

佐藤圭四郎，《伊斯兰商业史的研究》，同朋舍出版，1981年

佐藤次高，《马穆鲁克》，东京大学出版会，1991年

岛田义仁，《沙漠与文明》，岩波书店，2012年

岛田襄平，《伊斯兰的国家与社会》，岩波书店，1977年

岛田襄平编，《东西文明的交流3》，平凡社，1970年

Joseph Samuel Nye 山冈洋一等译，《Smart Power》，日本经济新闻出版社，2011年

杉山正明，《大蒙古国的世界》，角川选书，1992年

谷光太郎，《海军战略家马汉》，中公丛书，2013年

Philip K. Hitti 岩永博译，《阿拉伯通史》上・下，讲坛社学术文库，1982—1983年

V. O. Kliuchevskii 八重樫乔任译，《俄罗斯史报告1》，恒文社，1979年

Fernand Braudel 浜名优美译，《地中海Ⅰ环境的作用》，藤原书店，1991年

神泽荣三译，《地中海世界》，Misuzu书房，2000年

藤田弘夫，《都市与国家》，Minerva书房，1990年

《都市与权力》，创文社，1991年

Francis Fukuyama，会田弘继译，《政治的起源》上，讲坛社，2013年

松田寿男，《亚洲历史》，岩波书店，1992年

丸山哲史，《区域主义》，岩波书店，2003年

水野和夫，《世界经济的大潮》，太田出版，2012年

《资本主义的终结与历史危机》，集英社新书，2014年

宫崎正胜，《伊斯兰网络》，讲谈社选书技巧，1994年

《文明网络的世界史》，原书房，2003年

《全球化时代的世界史读法》，吉川弘文馆，2004年

《海洋的世界史》，角川选书，2005年

《世界史诞生与伊斯兰》，原书房，2009年

《被风改变的世界史》，原书房，2011年

《航海图的世界史》，新潮选书，2012年

《世界史读法》，角川选书，2013年

《北方世界史》，原书房，2013年

森本公诚，《伊本·卡尔敦（Ibn Khaldun）》，讲谈社，1980年
安田喜宪，《文明的环境史观》，中公丛书，2004年
《一万年前》，East·Press，2014年
和辻哲郎，《风土—人类学考察》，岩波书店，1935年
汤浅赳男，《文明的“血液”》，新评论，1988年